LES ILES DE MARBRE

OU

EXCURSION DANS LA MER ÉGÉE.

Vue de Constantinople.

LES
ILES DE MARBRE

OU

EXCURSION DANS LA MER ÉGÉE.

PAR

Victor BAUDOT, S. J.

Société de Saint-Augustin.
Lille, Paris.

I

ONSTANTINOPLE est par excellence la ville de la variété et des courses poëtiques

Malgré leur civilisation primitive, malgré leurs innombrables *desiderata*, les faubourgs de Péra et de Galata ont du moins cet incontestable avantage qu'on peut chaque jour y trouver un nouveau but d'excursion (1). Pas de clubs brillants, il est vrai, peu de salons, à peine quelques embryons de théâtres ; mais vous avez à vos portes la plaine de Troie et les côtes de la Grèce, la mer Noire et ses ports fameux, les Alpes d'Anatolie, commençant à Scutari et Chalcédoine, c'est-à-dire, à une portée de fusil ; sans compter les mille sites gracieux du Bosphore, cachés dans leurs nids de verdure, et dont on pourrait chanter comme du golfe de Naples :

O suol beato
Ove sorridere volle il creato.

Avouez-le, la barbarie à fleur de terre de la grande ville orientale et les ennuis forcés qu'elle impose à l'homme de l'Occident sont largement compensés par ce voisinage gran-

---

1. Péra et Galata sont les quartiers de Constantinople situés sur la rive gauche de la Corne-d'Or, en face de Stamboul.

diose, d'un intérêt si puissant et d'un accès si facile. Aussi pouvez-vous sans peine imaginer quelle fut mon allégresse le jour où, malgré les entraves de ma position plus que modeste (1), il me fut donné de prendre un beau soir la clef des champs et de m'embarquer pour l'Archipel sur un des meilleurs navires des Messageries-Maritimes, « le Cambodge ».

C'était, si j'ai bon souvenir, le 19 juillet 1882. Une ravissante lumière éclairait cette belle soirée d'été. La Corne d'Or (2) resplendissait de vie et d'animation. Quiconque n'a pas vu ce port magnifique se ferait difficilement une idée de l'aspect enchanteur qu'il présente aux dernières heures du jour. De légers et gracieux caïques (3) s'élançant dans toutes les directions ; des mouches à vapeur portant les dépêches et faisant la police du port avec une aisance et une précision surprenantes ; les bateaux des îles des Princes et du Bosphore filant à toute vitesse, au bruit de leurs roues tapageuses, vers les sérails et les fraîches villas de Bébek ou de Prinkipo (4) ; le long des rives, un fouillis de voiles blanches et de mâts pavoisés, girandoles de croix grecques et de croissants turcs, oriflammes de toute forme et de toute couleur, épaisse et ondoyante forêt au-dessus de laquelle se dressent les sombres nervures de nos grands navires européens ; comme cadre à ce tableau, un amphithéâtre de villes unique au monde, les mosquées aux coupoles d'étain et les sveltes minarets de Stamboul, le pont de Kara-Keui et son immense marée humaine, les bruits et les clameurs de cent peuples divers, toutes les langues, toutes les variétés de costumes,

---

1. J'étais alors professeur au collège Sainte-Pulchérie, à Péra.

2. La Corne-d'Or, port de Constantinople ; le pont de Kara-Keui la traverse, reliant Stamboul à Galata.

3. Canots turcs.

4. Bébek, village du Bosphore; Prinkipo, une des îles des Princes, à l'est de Stamboul.

toutes les nuances de visages, depuis la pâleur ottomane jusqu'au bistre africain, toutes les races et toutes les religions confondues : tel est le spectacle étrange, saisissant, que j'avais une fois de plus sous les yeux, et que, pendant deux ans, je ne me suis point lassé de contempler.

Toutefois cette soirée enchanteresse n'était pour moi que le prélude d'un bonheur plus grand. J'allais pendant deux mois sillonner des mers plus belles encore et vivre sous de plus beaux cieux : j'allais aux Iles de marbre, j'allais à Syra et à Tinos, c'est-à-dire, au cœur même des Cyclades; je comptais bien revenir par Athènes ; Troie et Smyrne étaient sur mon chemin. Imaginez, si vous le pouvez, un itinéraire plus riche, une promenade maritime plus royale.

Mais déjà notre navire est en marche ; déjà nous avons doublé la pointe du Sérail et dépassé le château des Sept-Tours. Les flots bleus de la mer de Marmara nous enserrent de toutes parts. Stamboul n'est plus qu'une ligne à l'horizon. Bientôt la cloche du bord nous appelle au repas du soir, et lorsque nous remontons sur le pont, la chaleur du jour a fait place à une délicieuse fraîcheur. La lune se lève avec cet éclat qu'on ne lui voit qu'en Orient ; la mer est unie comme une glace ; seules, de petites vagues mutines se dressent à la proue et glissent en murmurant le long des flancs du vaisseau. Qu'elles sont belles, ces soirées en mer ! qu'elles sont calmes et religieuses ! Aussi n'est-ce point sans peine, et le plus tard possible, que je me résigne à gagner l'étroite couchette où je dois passer la nuit.

Il faut une douzaine d'heures pour traverser la mer de Marmara (1).

---

1. La mer de Marmara, ainsi appelée de l'île de Marmara, renommée pour ses carrières de marbre, μάρμαρον.

Le lendemain donc, au réveil, nous étions en plein détroit, et, vers sept heures, à la ville des Dardanelles, l'ancienne Abydos. Nous nous arrêtons sous les canons turcs pour faire viser les papiers du bord. Environ trois cents soldats, à destination de Smyrne, s'embarquent avec nous et s'installent comme ils peuvent sur le pont déjà encombré ; puis le bateau reprend sa marche vers la mer Égée.

La mer Égée ! ce fut un moment solennel que celui où, pour la première fois, je vis devant moi s'ouvrir à l'horizon cette mer classique par excellence. A l'extrémité sud du détroit, entre la Chersonèse de Thrace et le cap Sigée, j'étais sur le seuil des pays de l'Iliade. Je me recueillis un instant avant de le franchir.

Le détroit s'élargissait à vue d'œil ; l'archipel s'annonçait. Qu'allais-je voir en débouchant dans cet océan de lumière et de souvenirs ?

Si vous jetez les yeux sur une carte de l'Archipel, vous vous rendrez facilement compte de l'impression qu'éprouve le voyageur en entrant dans ce lac azuré, dans cette atmosphère chaude et rayonnante, l'âme et le corps vibrant à l'unisson au souffle de la brise et de la poésie. La mer Égée est à la fois le sanctuaire de l'art et le sanctuaire de la nature. Ce que la nature et l'art ont de plus grand, de plus beau, naquit dans son sein ou fleurit sur ses bords. C'est un temple immense, radieux, dont le beau ciel d'Ionie est la voûte et dont les îles sont les autels de marbre.

La première île que nous découvrons à droite, au sortir du détroit, c'est l'île d'Imbros. Elle se déroule au-dessus des eaux en un long cordon rougeâtre, rugueux, d'un relief médiocre. Homère l'appelle la Rocailleuse. L'expression est exacte. Cette île ne se distingue, du moins à première vue, que par son âpreté. Ce n'est plus la verdoyante parure des détroits ; ce n'est pas encore cet éclat de lumière souveraine qui, un peu plus au sud, revêt l'écueil le plus aride d'une gaze diaphane, pure comme le cristal, empourprée comme un rayon du soleil couchant. Imbros fut un des premiers sanctuaires dédiés aux divinités phéniciennes, importées des côtes de Syrie dans l'Archipel. Les dieux Cabires, les dieux Grands et Puissants y furent jadis honorés. Je ne saurais dire si leurs rites mystérieux ont laissé là des traces. Tout ce que je sais sur le témoignage de M. Wrench, consul anglais de Constantinople, c'est qu'on y trouve de magnifiques compagnies de perdrix rouges, qui n'attendent que quelques coups de fusil pour se rendre à discrétion aux chasseurs de bonne volonté.

Derrière Imbros s'élève, comme un dais sombre, le vaste cône volcanique de Samothrace, l'île des rendez-vous pélasgiques, centre religieux où, dès la plus haute antiquité, s'élabora dans le mystère des cavernes sacrées la plus poétique des mythologies. Cette île, comme son nom l'indique, fut colonisée d'abord par des Hellènes venus de Samos, et appelée Samos de Thrace ou Thracique, en souvenir de la mère-patrie. Au point de vue de la topographie de l'Iliade, elle joue un rôle important : ce qui se comprend sans peine. Vus de la plaine de Troie, ses sommets mystérieux fermant au nord l'horizon devaient en imposer aux naïves peuplades de l'Ida, et leur inspirer une religieuse terreur. Aussi est-ce là que le poète place le quartier général et le poste d'observation des divinités hostiles aux enfants d'Ilion : « Des sommets alpestres de la verdoyante Samothrace, dit-il, Neptune contemplait les diverses phases du combat ; car, de là, on découvrait la chaîne entière de l'Ida, et la ville de Priam, et les vaisseaux des Grecs.

'Ἔνθεν γάρ ἐφαίνετο πᾶσα μέν "Ἴδη,
Φαίνετο δὲ Πριάμοιο πόλις καὶ νῆες Ἀχαιῶν (1).

C'est parfaitement cela : du haut des pics samothraciens on doit, en effet, dominer, par-dessus l'île basse d'Imbros, non seulement toute la plaine de Troie, mais encore la chaîne de l'Ida et ses innombrables crêtes.

Cet exemple prouve une fois de plus combien la connaissance des lieux aide à l'intelligence des œuvres poétiques les plus compliquées. Il prouve aussi, soit dit en passant, que le vieil Homère, avant de devenir aveugle, avait voyagé et bien voyagé. Il était certainement allé à Samothrace, et avait contemplé de ses yeux le panorama qu'il décrit si bien. Impossible autrement d'en parler avec cette assurance et cette étonnante précision.

Après Imbros et Samothrace, l'île que vous apercevez là-bas, c'est la divine Lemnos. Nous la rangeons à l'ouest sans nous en approcher davantage. Elle est inculte, désolée par la fièvre, et de plus, comme ses voisines, exposée à de fréquents tremblement de terre. Son histoire mythique est assez connue. C'est là que tomba Vulcain lors de sa ridicule équipée dans les palais de l'Olympe ; là que le dieu du sommeil avait établi sa demeure ; là, enfin, que l'infortuné Philoctète, abandonné de tous, traîna sa mourante vie jusqu'à la fin du siège de Troie.

Pline prétend que le mont Athos couvre cette île de son ombre. L'hyperbole est au moins singulière. Profitons-en toutefois pour saluer d'ici ce mont fameux, la sainte Montagne, comme l'appellent les grecs : *Ayon Oros*. Situé sur la pointe orientale de la presqu'île Chalcidique, le mont Athos

---

1 Iliade, XIII, 13.

peut être considéré comme la citadelle du christianisme grec, la pépinière monastique de l'Orient, le cœur de la nationalité hellène. Les laures sont à la fois des bibliothèques et des arsenaux. Les manuscrits, malheureusement, dorment dans la poussière et n'inquiètent pas plus les disciples du Coran qu'ils n'intéressent leurs ignorants propriétaires. Mais les armes, c'est autre chose. Le gouvernement turc a toujours l'œil ouvert sur les allures de cette armée de moines turbulents, et, plus d'une fois déjà, il les a forcés à vider leurs gibernes et à décharger leurs mousquets.

Cependant le vaisseau qui nous porte,

> Fier de ne côtoyer que des rives fameuses,

poursuit sa marche triomphale. Nous tournons droit au sud. Le ciel est radieux, la mer pleine d'harmonie, la brise fraîche et caressante. Nous avons doublé déjà le cap Sigée, où des moulins à vent marquent l'emplacement du tombeau d'Achille. A notre gauche se déroule la plaine de Troie, que nous allons longer pendant plus de deux heures.

En fait de volupté classique, je m'avoue impuissant à imaginer quelque chose de plus complet qu'une pareille navigation.

Assis ou debout à l'arrière d'un puissant navire, dominer du sein des flots mouvants la plus poétique contrée du monde, étincelante de lumière et de grâce ;

Une terre où tout chante et sourit, où tout vit et respire ;

Une patrie si passionnément aimée, si vaillamment défendue, si amèrement pleurée par ses héroïques enfants ;

Une plaine, la plaine du Simoïs et du Scamandre, couronnée comme d'un diadème par les crêtes dentelées de l'Ida, et du sein de laquelle s'élançaient jadis, derrière un rideau de chênes verts et de lauriers-roses, les hautes tours d'Ilion, et les créneaux de ses remparts, et le fronton des portes Scées !

Contempler ce spectacle, le savourer à loisir, dilater son âme aux souffles de la poésie, et sa poitrine aux brises salées des mers ;

S'accouder aux barrières du navire et voir fuir dans le sillage lumineux tout un passé de gloire ;

Entendre, comme une harmonie lointaine, le chant des vagues et le chant du poète, mêler l'homme à la nature, la réalité à l'idéal, l'ombre éplorée d'Andromaque aux lignes vaporeuses des horizons de la Troade :

Telle est l'œuvre silencieuse, intime, enivrante, qui s'opère en ces lieux dans l'âme agrandie du passager fortuné qui sait voir et qui peut sentir.

Ailleurs, en Palestine par exemple, l'impression est religieuse ; ici, elle est artistique. Dans la mer de Syrie, l'âme se recueille comme au seuil d'un temple. Dans la mer Égée, elle se dilate et s'épanouit comme au foyer rayonnant des splendeurs et des harmonies de la création. Mais revenons aux Iles de marbre. Aussi bien n'en sommes-nous pas loin, car voici Ténédos.

Ténédos, vue du nord, est d'un triste aspect. C'est un rocher nu, jaunâtre, qui s'élève en pain de sucre, comme une tête de Thersyte, au-dessus des flots. Quelques moulins à vent, un village peuplé, mais d'apparence misérable, sont les seuls signes de vie que l'on découvre sur ce languissant rocher, autrefois patrie d'un peuple célèbre, tombé depuis la guerre de Troie dans la décadence et l'oubli.

Notissima fama
Insula, dives opum, Priami dum regna manebant ;
Nunc tantum sinus et statio male fida carinis.

Vue du sud, cette île est moins sauvage. Je me souviens d'une traversée où, passant par là, vers six heures du soir, je la vis figurer dignement dans un magnifique coucher de soleil. Le disque rouge de l'astre s'enfonçait à l'ouest, dans un ciel embrasé, sous les eaux vertes et bleues mollement agitées par une brise paresseuse. L'Ida, pourpre et rose, resplendissait de mille feux, qui, se reflétant sur les sommets de Ténédos, les transfiguraient en les baignant de leur chaude lumière. J'ai rarement vu un spectacle aussi beau.

Une demi-heure après, cette féerie s'était évanouie. Les collines de Troie et les crêtes de l'Ida, couvertes d'une brume légère, semblaient pleurer leur gloire passée. Et moi, pensif, assis à la poupe du navire, je rêvais aux destinées des empires et aux vicissitudes de la fortune.

On me demandera peut-être ici quel est le trait caractéristique de la plaine de Troie, ce qui la distingue absolument des autres plaines, ce qui, même en dehors de tout souvenir historique, lui donne son relief grandiose et sa physionomie propre.

C'est sans contredit l'Ida.

La chaîne de l'Ida, qui l'enserre au sud et à l'est, est une suite gracieuse de sommets onduleux, de crêtes dentelées, de cônes de verdure étagés entre la terre et le ciel, dans une symétrie parfaite et une harmonie de lignes et de formes digne du meilleur pinceau. Le sommet principal, longue croupe sinueuse, se détache et s'élance au milieu de ses contreforts, comme un vigoureux joûteur dont la robuste épaule et la fière stature défient l'ouragan et la foudre. Ce sommet est le Gargare d'Homère. Là résidait le Père des dieux, protégeant par sa présence ses chers Troyens contre les embûches de Neptune, qui, du haut des pics de Samothrace, les épiait d'un œil jaloux. Là se trouvaient ces profondes vallées, ces taillis épais si complaisamment décrits dans l'Iliade, ces chênes majestueux qui servirent au bûcher de Patrocle, et ces sombres nuées, promptes messagères du dieu de la foudre, et les sources des fleuves sacrés, le Simoïs et le Scamandre, et les pins gigantesques dont la cime touche aux cieux, et les troupeaux des fils de Priam, et les creuses tanières des fauves de l'Ida, et l'autel de Jupiter, toujours enveloppé d'un nuage de pur encens.

Mais mon dessein n'est point d'écrire une géographie poétique de l'Iliade ; contentons-nous de mentionner, avant de passer outre, les intéressantes fouilles de M. Schliemann (1).

M. Schliemann est un riche amateur qui dépense sa fortune à défoncer les tumulus de la Grèce et de la Troade, pour y rechercher les trésors archéologiques enfouis là depuis trois mille ans. Ses travaux n'ont pas été stériles. Nous aurons peut-être occasion plus tard de parler des précieuses découvertes qu'il a faites à Mycènes, et qui, réunies et habilement exposées dans une des salles de l'Institut polytechnique d'Athènes, forment une collection du plus haut intérêt (2). Quant aux excavations de la plaine de Troie, on sait qu'elles ont donné lieu à des discussions nombreuses, qu'il

---

1. Voir, pour de plus amples détails, le magnifique ouvrage du Dr Schliemann, édité à Paris par la maison Firmin Didot : *Ilios, ville et pays des Troyens*, traduit de l'anglais par madame E. Egger, gr. in-8° de 1030 pages, 2 cartes, 8 plans et environ 2000 gravures sur bois. — Paris, 1885.

2. Sur les fouilles de M. Schliemann à Mycènes et à Tirynthe dans l'Argolide, voir ses beaux livres : *Mycènes*, publié à Paris en 1879 ; — *Tirynthe*, gr. in-8°, Paris, Reinwald.

serait inutile de rapporter ici. Qu'il nous suffise de noter qu'elles n'ont point été sans importants résultats, et que, maintenant encore, c'est pour le voyageur lettré une délicate jouissance de voir, en passant, ces tertres séculaires, éventrés par la pioche intelligente et opiniâtre de l'archéologue, livrer enfin par leurs blessures béantes les richesses qu'ils recèlent.

A mesure que l'on descend le long de la côte, la crête onduleuse de l'Ida, souple et fine comme une dentelle, se déploie harmonieusement à l'horizon et présente sans cesse des aspects nouveaux, jusqu'à ce qu'enfin on la perde de vue en entrant dans le détroit formé par la rive d'Anatolie et l'île de Mitylène.

Mitylène, l'ancienne Lesbos, patrie d'Arion et de Sapho, d'Alcée et de Théophraste, s'élève au-dessus des flots comme un immense faisceau d'aiguilles de pierre et de gerbes rocailleuses; on dirait des fusées de lave lancées par un dieu souterrain, du fond des mers jusqu'au ciel bleu. Cette île est une des plus grandes de l'archipel. J'en ai lu l'histoire dans un vieux livre; elle est glorieuse et triste. Tous les arts y fleurirent; toutes les voluptés s'y donnèrent libre carrière; tous les fléaux enfin s'y sont abattus. On l'appela longtemps l'île Fortunée. Elle n'avait d'autre rivale de gloire et d'opulence que Rhodes :

Laudabunt alii claram Rhodon aut Mitylenen (1).

Elle abondait en vins exquis, en fruits délicieux. Ses habitants étaient renommés pour leur beauté. La vie s'y passait en danses et en festins. C'était l'Eldorado de l'Asie. Mais hélas! la guerre a passé par là. Perses, Romains, Grecs du

_____

1. HORACE. *Odes*, I, 6.
Les îles de marbre.

2

Bas-Empire, Génois, Turcs, tous les envahisseurs se sont

Debarquem. des Turcs. D.Eglise de s.ᵗ Antoine. H.Auberge d'Auuergne,
B.Mont s.ᵗ Estienne. E.Tour de s.ᵗ Nicolas I.Poste d'Italie
C.Premieres batteries des Turcs G.Palais du G. Mᵉ K.Muraille des Iuss

Plan de la ville de Rhodes, d'après un manuscrit de
G. Caoursin, vice-chancelier de l'ordre des chevaliers de Rhodes,
au moment du siège de Rhodes par les Turcs.

déchaînés sur ce poétique coin de terre et ont porté une mortelle atteinte à son antique prospérité. Maintenant, cette île célèbre n'est plus qu'un simple livah du gouvernement des Iles, une modeste sous-préfecture turque.

En quittant les parages de l'antique Lesbos, tous les bateaux interrompent un instant leur course à travers l'Archipel, pour payer un tribut d'hommage à la reine de l'Anatolie, Smyrne, après Stamboul, la perle de l'Orient. Voici l'entrée du golfe magnifique qui lui sert d'avenue royale. Notre navire s'y engage à toute vapeur. Le spectacle des deux rives est on ne peut plus pittoresque. A droite s'élèvent les fiers sommets et les gros villages du Kara-Bouroun (le cap Noir), à gauche se déroulent les plaines basses qu'arrosent les eaux de l'Hermus et du Pactole. Bientôt nous rencontrons de frais archipels au milieu desquels je distingue la triste Clazomène; au fond se dressent le mont Pagus et le front chauve du Sipyle. Notre route est une nappe d'argent qui ondule doucement sous la coque du navire, et dont la fine poussière rejaillit jusqu'à nous en paillettes de cristal. Le soleil va se coucher, la nature est en fête : mer, montagnes, îles, continent, tout étincelle de mille feux.

Cette lumière ionienne n'a pas, il est vrai, le moelleux de la lumière d'Athènes, mais elle a plus d'éclat. Elle jaillit plutôt qu'elle ne luit. Elle ne baigne pas l'horizon de son fluide velouté comme aux rives de l'Ilissus et du Céphise, mais elle en profile toutes les dentelures, elle en sculpte chaque cime avec son ciseau de diamant.

Smyrne paraît enfin : Smyrne la nonchalante, accoudée au fond de son golfe comme une paresseuse sultane qui lève à demi sa tête au-dessus des eaux. Le dirai-je? l'aspect de la ville, même vue de la mer, est simplement désenchanteur. On ne trouve nulle proportion entre les splendeurs du golfe et cet amas confus de maisons sans relief et sans caractère. Il manque à la ville nouvelle sa citadelle antique, bâtie sur le mont Pagus; il lui manque sa fière acropole, si pittoresque, et sa couronne de remparts, dont il ne reste plus aujourd'hui que de tristes ruines.

La cité se divise en deux parties bien distinctes : le quartier turc et le quartier franc. Le quartier turc est, comme partout, un cloaque. Des maisons sales, quantité de ruines et quelques mosquées, à travers lesquelles s'enchevêtrent, comme les mailles d'un filet, d'innombrables ruelles pleines d'immondices et de chiens. Le bazar lui-même, après celui de Stamboul le plus célèbre de l'Orient, n'a rien qui compense ces apparences misérables. Quant à la population musulmane, elle est là comme ailleurs, comme partout, excepté en Égypte, terne, morose, apathique. Le quartier franc, qui longe le quai gigantesque construit par M. Dussault, est composé de rues étroites, il est vrai, mais pavées de larges dalles et bordées de magasins, dont quelques-uns ne manquent pas de splendeur. Là est le centre de l'activité mercantile, représentée surtout par des familles grecques, où l'esprit d'entreprise, poussé jusqu'à l'héroïsme, semble être héréditaire et passer sans se refroidir du père au fils et de siècle en siècle. J'ai vu là un de ces prodiges d'activité dans la personne d'un homme de petite stature, à l'œil pétillant d'intelligence, aux cheveux blancs déjà, et pourtant sans ombre de caducité, aimable, vif, alerte, infatigable. Je passai environ une demi-heure en sa compagnie, au siège de ses opérations commerciales. Dire ce qui défila devant lui, dans ce court intervalle, de gens de toute classe et de toute langue, combien d'affaires furent expédiées, avec quelle lucidité d'esprit, quelle précision et quelle aisance, serait chose impossible. Deux ou trois visiteurs entraient en même temps; l'un parlait turc, l'autre grec, l'autre italien. Mon hôte répondait à chacun, se retournait pour m'offrir une cigarette et me dire une parole aimable en excellent français, puis, de la façon la plus naturelle et sans le moindre effort, il reprenait aussitôt son dialogue polyglotte avec de nouveaux inconnus sans cesse affluant à sa porte. J'ai certainement vu là un des hommes les plus occupés et tout à la fois des plus affables qui soient au monde.

Après les Musulmans, se sont les Grecs orthodoxes qui dominent à Smyrne ; les Arméniens également y sont nombreux et influents. Les catholiques n'en ont pas moins dans cette ville une situation très respectable. Mgr Timoni est à leur tête. J'eus l'honneur de visiter ce prélat et d'être reçu à sa table. Je ne crois pas avoir jamais rencontré dans mes voyages un homme plus distingué : sa conversation est pleine d'abandon et de grâce, sa politesse exquise, sa charité sans bornes. Il est surtout secondé dans son œuvre d'évangélisation par les Franciscains italiens, le clergé séculier de l'archidiocèse, composé d'une douzaine de prêtres, ne pouvant seul suffire à la tâche. Toutefois ce serait injustice pure de ne point signaler aussi deux établissements français de la plus haute importance: je veux dire, le collège des Lazaristes et l'école des Frères. Cette dernière, fort belle maison toute en pierre et en fer, à l'épreuve des tremblements de terre et des incendies, ces deux fléaux de Smyrne, est l'œuvre du Frère Symphorien, l'infatigable architecte auquel les Écoles Chretiennes doivent déjà tant de chefs-d'œuvre en Orient.

J'oubliais de vous dire ce qu'étaient devenus nos trois cents soldats turcs embarqués aux Dardanelles. Ces pauvres gens avaient passé toute la journée sans manger, l'administration militaire ne leur ayant absolument rien donné pour le voyage, pas même la plus légère ration de riz. A notre arrivée à Smyrne, vers huit du soir, un officier monte à bord. Nous croyions tous qu'il allait s'empresser de faire débarquer ses hommes. Point du tout. Il parlemente avec le commandant du bateau, et finit par décider que puisqu'ils ont jeûné tout un jour, ils peuvent bien encore jeûner une nuit. Et nous voyons tous ces braves de Plewna s'envelopper stoïquement de leurs manteaux troués, et, sans un mot de plainte, sans le moindre murmure, se coucher sur le pont pour endormir la faim.

Mais il me tarde de reprendre notre course à travers les eaux bleues et les frais paysages du golfe. Il me tarde surtout de me retrouver au milieu de mes chères îles. Grâce à la vapeur, Smyrne est déjà loin derrière nous. Encore un pas, et nous aurons doublé le Kara-Bouroun, encore un pas, et les îles vont reparaître. Les voici ! Voici Chio, l'île des vins, l'île des olives, l'île du mastic ! Le mastic est une gomme parfumée qu'on tire du lentisque et qui ne se recueille qu'ici. Tout l'Orient est plein du mastic de Chio. C'est son produit spécial ; mais ce n'est point sa seule prérogative. Chio est avant tout l'île fashionable de l'Archipel. Les habitants ont une grande réputation de beauté. A ce compte qui ne voudrait être de Chio? Tout Grec de bon ton veut être de Chio. L'île est grande, florissante, très peuplée : elle a plus de 60.000 habitants. Il est facile ainsi de se faufiler dans le nombre ; et pour peu que vous ayez là un cousin, n'importe le degré, (et tous les habitants des îles ne sont-ils pas un peu cousins? fussiez-vous né dans la dernière des Sporades, vous pouvez dire hardiment, à la face du ciel et de la terre : Je suis de Chio.

J'ai l'air de plaisanter, et cependant je ne plaisante point. Moi qui ne suis certainement pas de Chio, eh bien ! je voudrais en être. Chio est une île admirable, éminemment poétique et pittoresque. Toutefois la nature n'y a point sacrifié l'utile à l'agréable, ni la fertilité à la grâce ; ses montagnes sont amples et majestueuses, ses vallées riches et fécondes, ses eaux limpides et abondantes, ses vignes touffues : c'est un vrai paradis.

Encore une fois, j'aime Chio. Je l'aime parce qu'elle est aimable, et je l'aime parce qu'elle fut malheureuse. Qui n'a entendu parler de l'affreux massacre de 1822 ? Une tentative d'insurrection, promptement réprimée, avait éclaté dans l'île l'année précédente. On croyait l'affaire finie. Cependant, dès les premiers jours du printemps, les galères ottomanes paraissent en vue de la capitale. La population sans défiance sort au devant des soldats du Croissant; les jeune filles couronnées de fleurs et se tenant enlacées par la main marchaient en tête du cortège. Tout à coup, à un signal donné, la horde se précipite. Les hommes sont massacrés, les jeunes filles enlevées ; tout est mis à feu et à sang. Le carnage et l'incendie se propagent ; l'île n'est bientôt plus qu'un monceau de cadavres et de cendres fumantes. Et de toute cette souriante population, de cet essaim doré, que resta-t-il ?... Il ne resta qu'un enfant. Du moins c'est le poète qui le dit, et nous pouvons bien, pour cette fois, lui pardonner cette exagération en faveur de ces beaux vers :

> Tout est désert ; mais non : seul près des murs noircis,
> Un enfant aux yeux bleus, un enfant grec, assis,
> Courbait sa tête humiliée.
> Il avait pour asile, il avait pour appui

> Une blanche aubépine, une fleur comme lui
> Dans le grand ravage oubliée (1).

Il faudrait ici reprendre en main une carte de l'Archipel, et jeter un coup d'œil sur l'île de Chio et sur la presqu'île qui lui fait face. On s'apercevrait bien vite que ces deux parcelles de continent sont sœurs, et que celle qui tient encore à la terre ferme par l'isthme de Vourla ne renonce qu'à regret à l'indépendance insulaire que s'est assurée sa compagne.

Entre l'île et la presqu'île court le délicieux canal connu des navigateurs sous le nom de « Canal de Chio ». Je suis d'autant plus heureux, j'allais dire plus fier, de pouvoir vous le décrire, que la plupart des voyageurs le traversent sans le voir, et que moi-même je n'ai eu la chance qu'une fois sur quatre de le parcourir en plein jour, grâce à un concours de circonstances tout à fait exceptionnelles.

Donc, à l'ouest, l'île ; à l'est, la presqu'île. Après avoir doublé le cap de Kara-Bouroun à l'entrée du canal, nous rencontrons d'abord l'archipel de Spalmadori, îles rocailleuses et plates, qui semblent commises à la garde de ce passage ardu et qui en défendent l'accès. Mais rien ne résiste à l'œil sagace du marin moderne, qui a vite découvert sa voie, étroite mais sûre, à travers les récifs menaçants, et l'obstacle est bientôt franchi. Déjà nous voguons en plein canal, à distance égale des deux rives. Notre œil ravi va de l'une à l'autre, et ne sait laquelle admirer davantage. Du côté de Chio, plus de grandeur ; du côté de Tchesmé, plus de coloris. Tchesmé est cette ville d'Anatolie, située au fond de la baie de même nom, qu'une victoire des flottes russe et anglaise combinées sur toutes les forces ottomanes a rendue à jamais fameuse. Elle

---

1. Victor Hugo, *Orientales*, l'Enfant.

étale ses maisons blanches et ses minarets sur des collines
de teinte rougeâtre qui lui avaient fait donner autrefois le
nom d'Erythrée. En face d'elle se pelotonne dans sa man-
tille de verdure sa belle rivale, capitale de l'île suzeraine, la
frileuse Chio, abritée contre les vents du nord par de hauts
promontoires. Là réside le Pacha à trois queues qui règne
en maître sur tout l'Archipel turc ; là aussi résident un évêque
latin et un archevêque grec orthodoxe. Derrière la ville
s'élève la masse imposante des monts Pélinées, au pied desquels s'étendent les plaines d'Arvisie et leurs vignes célèbres,
chantées par les poètes : *Arvisia vina.* Horace, comme on
sait, se préoccupait plus du prix de ces vins de choix que de
tous les hauts faits de l'antiquité profane et sacrée :

> Quo Chium pretio cadum
> Mercemur (1) ?

Au-delà de ce point où les deux villes, assises les pieds
dans l'eau, se regardent d'un rivage à l'autre, le canal con-
tinue à courir au milieu des splendeurs de ses bords. Vers
son extrémité sud, un îlot chauve sort du sein des flots
comme le crâne dénudé d'un Cyclone endormi.

Cet îlot, ou plutôt cet écueil, sans cesse battu par la vague
mugissante ou plaintive, porte un phare, une maisonnette et
un jardinet dont la terre vient sans doute du continent voi-
sin. Notre passage de jour étant extraordinaire, tous les
habitants accoururent sur le bord de l'étroite plate-forme pour
nous voir : un homme, une femme, deux enfants blonds et
une jolie chèvre. Cette petite famille semblait parfaitement
heureuse dans sa poétique solitude. Nous la saluâmes d'un

---

1. L. III, Ode 14.

sympathique hourra, accompagné d'un jet strident de vapeur, qui retentit comme l'orgue des mers.

Pourquoi faut-il qu'une ombre se glisse dans ce tableau, et qu'une menace de destruction et de mort plane sans cesse sur ces délicieux horizons du canal ! Hélas ! il n'est que trop vrai : les tremblements de terre, ce fléau des fléaux, sont presque en permanence dans ces lieux enchanteurs. Naguère encore Chio fut dévastée par une catastrophe épouvantable, et quelques jours seulement après mon dernier passage, Tchesmé tremblait à son tour, secouée jusque dans ses fondements. Pour quiconque sait par expérience ce que c'est qu'un tremblement de terre, un pays ainsi exposé paraît simplement inhabitable. Comment, je vous le demande, comment vivre en paix sur un volcan ? et le moyen de goûter une heure de tranquille repos quand, à chaque instant, votre sommeil peut être interrompu par une de ces secousses pleines d'angoisses ?

Une nuit cela m'arriva : c'était à Constantinople. Je dormais profondément et faisais de beaux rêves. Tout à coup une sensation étrange, jusqu'alors inconnue, se glisse furtivement dans mes veines et m'éveille. Comment décrire cette impression ? Je me sentais osciller dans mon lit, lentement, irrésistiblement. Semblables aux flots mouvants d'un océan de pierre, nos maisons frissonnaient sous le souffle de je ne sais quel vent sinistre. On eût dit qu'un animal énorme, muet, passait sous la ville, creusant silencieusement son sillon souterrain et soulevant comme des mottes de gazon les plus pesants édifices. Une cloison de planches craquait à deux pas de mon lit. Je me levai sans trouble et sortis sur le palier, mes souliers à la main. J'y trouvai nos amis, alertes et soucieux. Ils étaient siciliens, plusieurs nés sur l'Etna. Ils s'y connaissaient donc en tremblements de terre et n'en paraissaient que plus inquiets. « Que faire ? » leur demandai-je. — Rien, me répondit-on, sinon recommander son âme à Dieu, et attendre la « riposta ». La riposta est une seconde secousse qui suit toujours la première, à un intervalle plus ou moins long. On se trouve pendant ce temps suspendu entre la vie et la mort. Vous avez échappé à un premier danger : échapperez-vous au second ? Votre maison a tenu bon jusqu'ici : va-t-elle ou non s'effondrer tout à l'heure ? Vous vivez encore : dans quelques instants où serez-vous ? Avouez que cette situation est critique et quelque peu solennelle. Nous attendons en silence. Enfin, au bout de vingt minutes, nouvelle oscillation : c'est la riposta. Grâce à Dieu, elle a été bénigne, nous sommes sauvés.

Il faut en convenir, de pareilles émotions sont bien faites pour tempérer la joie qu'on éprouve à vivre sous le beau ciel d'Orient, et pour nous aider à prendre en patience les brumes et les frimas d'une terre moins ensoleillée, mais plus solide sur ses bases.

II

A la pointe sud de l'île de Chio, deux routes s'ouvrent devant nous : la route de Syrie et la route de Grèce. La route de Syrie descend vers Rhodes, à travers le groupe des Sporades : nous la décrirons ailleurs. La route de Grèce court droit au sud-ouest, et nous mène à Syra. Il fait nuit, mais le jour approche. Nous passons en dormant la ligne imaginaire qui coupe l'Archipel en deux sections, l'une grecque, l'autre turque. Au-delà de cette frontière liquide, nous entrons dans les Cyclades. Les îles se pressent autour de nous.

comme pour nous souhaiter la bienvenue ; le soleil les dore de ses feux naissants, la mer est calme, le ciel admirablement pur. Bientôt notre navire est à l'ancre dans le gracieux port de Syra. Nous sommes au cœur de l'Archipel, au centre même des Iles de marbre.

Syra est une île de médiocre grandeur, presque dépourvue d'eau douce, et cependant très florissante. Avant la guerre de l'Indépendance (1827), elle comptait à peine cinq mille habitants ; elle en a aujourd'hui plus de trente mille. Cet énorme accroissement de population s'explique par la fondation de la ville d'Hermopolis, due aux réfugiés grecs qui vinrent dans ce port neutre chercher un asile contre les armes ottomanes. Depuis cette époque, la prospérité commerciale de l'île n'a cessé de s'accroître. Aujourd'hui, il est peu de navires allant à Constantinople ou en Syrie qui n'y relâchent ; tous les paquebots-poste y font escale.

Hermopolis se déploie en demi-cercle autour de sa rade, au pied de l'ancienne Syra. Entre les deux villes, l'ancienne et la nouvelle, la haute et la basse, une bande de terrains vagues sert de frontière. Aussi bien la différence entre les deux Syra ne saurait-elle trop fortement s'accuser. Elle est radicale, absolue. Mœurs, culte, origine, traditions, tout ici se heurte et contraste. La ville basse est une ville toute moderne. Rues droites, larges, tolérablement propres ; boulevards plantés de magnolias et de palmiers ; grandes églises byzantines ; statues et fontaines, cafés, fiacres, théâtre, gaz même, rien n'y manque. La vieille Syra, au contraire, perchée sur son rocher conique, n'est qu'un réseau de ruelles infectes où deux ânes à peine pourraient passer de front ; et encore cet étroit espace vous est-il à chaque instant disputé par d'immondes pourceaux, qui semblent avoir là droit de cité comme les chiens à Constantinople.

Ces ruelles s'étagent parallèlement les unes au-dessus des autres, et communiquent entre elles par des escaliers taillés dans le roc vif. L'ascension est tout ce qu'on peut imaginer de plus laborieux, mais, une fois au sommet, quel ample dédommagement de cette courte fatigue! La maison où j'allais, ancienne résidence des Jésuites, est précisément située sur ce sommet. Elle possède une magnifique terrasse. Après les premiers souhaits de bienvenue, je fus aussitôt mis par mes hôtes en possession de cet observatoire aérien. Comment décrire de pareilles splendeurs ! Comment peindre ce panorama féerique ! Devant moi étincelait l'immense nappe bleue de la mer Égée avec son troupeau d'îles, montagnes de marbre frangées d'écume, blanches toisons sur une plaine d'azur. Ici, Paros et Anti-Paros ; là, Naxos et Mikoni ; plus loin, Tinos et Andros, toutes rangées en cercle autour de l'île sainte, patrie de Diane et d'Apollon, la divine Délos.

Délos ! un coup d'œil nous suffit pour comprendre l'importance du rôle qu'elle a joué dans l'antiquité classique. Cette île basse, qui semble flotter comme un flocon d'écume à la surface des eaux, est bien l'âme et le cœur de tout l'Archipel grec. Les autres îles, formant un cycle mystérieux, l'entourent avec respect, et paraissent s'incliner devant elle dans le silence de l'adoration. On connaît son histoire mythique. Latone, poursuivie par la jalousie de Junon, cherchait en vain un asile où elle pût mettre au jour les jumeaux qu'elle portait dans son sein. Touché de compassion, Neptune fit surgir du fond des mers, pour lui servir de retraite, l'île de Délos, et son palmier merveilleux (1). Diane et Apollon naquirent ainsi sur un sol vierge, et dès lors l'île entière leur fut consacrée. Il ne fut plus permis d'y naître ; les morts n'y pouvaient reposer ; et cette

1. Odyssée, VI, 162.

parcelle de terre devint comme un symbole sublime de l'incorruptible vie (1).

L'île de Délos n'a que sept à huit mille pas de tour. Elle s'étend du nord au sud sur une longueur triple de sa largeur moyenne. La chaîne pierreuse du Cynthus la partage en deux versants inégaux. C'est sur le versant occidental, en face de l'île de Rhénée, que s'ouvre la plaine où la ville sainte était bâtie autour du temple d'Apollon. Là s'élevaient ces portiques élégants, ces forêts de colonnes, ces superbes édifices si complaisamment décrits par les anciens. Là fumait de toutes parts l'encens grec devant les images des divinités de l'Olympe, toutes dominées par la statue colossale du fils de Latone. Cette statue, haute de vingt-quatre pieds et taillée dans un seul bloc de marbre, représentait le dieu debout ; de longues tresses de cheveux flottaient sur ses épaules, et son manteau replié sur le bras gauche semblait ondoyer au souffle du zéphir. Au spectacle de ces autels fumants, de ces statues de marbre qui parsemaient la plaine, ajoutez un lac couvert de cygnes, les cimes élégantes de quelques palmiers, les blanches voiles du port, le cours de l'Inopus, la grève retentissante, et vous aurez une idée de ce théâtre des fêtes déliaques si renommées dans la Grèce entière. On sait que les Athéniens y envoyaient tous les quatre ans une théorie ou ambassade sacrée. Le vaisseau qui portait cette députation solennelle était comme l'arche sainte de la république athénienne. Avant le départ, les prêtres d'Apollon l'ornaient de guirlandes de laurier, et, pendant son absence, la métropole redoublait de rites expiatoires pour se rendre le dieu propice. Xénophon nous rapporte qu'un de ces voyages ne dura pas moins de trente jours ; ce qui prouve

---

1. Les morts étaient enterrés dans la petite île de Rhénée, qui fait face à Délos du côté ouest. — Là aussi se retiraient les Déliennes, quelques jours avant la naissance de leurs enfants.

bien que dès lors la mer Égée avait comme aujourd'hui ses

Alexandrie.

colères écumantes et ses fougueux caprices.

Le jour de mon arrivée à Syra se passa tout entier dans la contemplation du merveilleux spectacle que j'avais sous les yeux. A peine si parfois, enivré de tant de magnificence, je daignais ramener mon regard distrait sur la rade et sur la ville d'Hermopolis. Et pourtant cette ville blanche et coquette, s'étalant dans la plaine à nos pieds, ne manquait pas de grâce, et sa rade offrait alors un spectacle plein d'intérêt. Je veux parler de l'escadre italienne, commandée par l'amiral de Saint-Bon, qui depuis quelques jours se trouvait dans les eaux de Syra. Il y avait là, entre autres, le fameux *Duilio*, cuirassé étrange, armé de tours de fer et formidable d'aspect. Les sonneries de clairons et les fanfares joyeuses montaient jusqu'à nous en éclats brisés ou en bouffées d'harmonie. Ce qui donnait plus d'actualité à ce spectacle, c'est que nous étions au lendemain du bombardement et des massacres d'Alexandrie. L'Archipel se remplissait de Grecs réfugiés, et l'opinion publique, fortement surexcitée, voyait dans la présence de ces navires de guerre une connexion étroite avec les événements d'Égypte.

J'étais arrivé un samedi. Tous les dimanches, pendant la belle saison, un petit vapeur grec fait le service entre Syra et Tinos. Je devais aller à Tinos. Je résolus de profiter du premier départ, et de m'embarquer dès le lendemain, sauf à revenir ensuite à Syra pour y faire un plus long séjour.

Tinos, située à l'est de Syra et au nord de Délos, est une île très originale, très intéressante, mais, comme toutes ses voisines, très abrupte. De chemins carrossables, il n'en peut être question ; même, à vrai dire, il n'y a pas de chemins du tout. On circule le long d'ornières plus ou moins profondes creusées par les générations dans un lit de roche encombré de blocs de marbre de toute couleur et de toute dimension.

Dans de pareils casse-cou, pas plus que la voiture, le cheval
ne saurait être d'aucune utilité. Reste le mulet, le mulet au
pied sûr, à l'œil sagace, qui découvre d'emblée, dans les pas-
sages les plus scabreux, le seul point praticable et s'y engage
sans hésiter. Je savais cela ; et comme je devais pénétrer
dans l'intérieur et jusqu'au cœur même de l'île, je pris avant
de partir les renseignements nécessaires pour me procurer
en débarquant bêtes et guides. Puis, serrant la main à mes
hôtes bienveillants et leur disant, non adieu, mais au revoir,
je redescendis à Hermopolis, et fus bientôt à bord.

Il était neuf heures du matin. Un ciel magnifique nous
promettait la plus heureuse traversée. Je pris un billet de
pont ; un billet en grec, s'il vous plaît, que je payai en
drachmes et en leptas. N'était-ce pas de la couleur locale (1) ?

On lève l'ancre. Me voici désormais en pleine Hellade :
pays, langue, mœurs, tout est grec. N'étaient la fumée de la
machine et les sifflements de la vapeur, je me croirais parti
pour la guerre de Troie. Dans le fait, la différence entre ces
temps héroïques et les nôtres n'est pas si grande qu'on la
pourrait supposer. Et d'abord le caractère grec est bien toujours le même ; toujours folâtre, souple, enjoué ; toujours
rusé et emphatique. Comme au temps d'Homère, c'est encore le même flux de paroles, la même exubérance d'images,
le même coloris de pensées et d'expressions. Un sergent-ins-

---

1. Je transcris pour les amateurs de grec moderne la partie principale de ce billet :

ΕΛΛΗΝΙΚΗ ΑΤΜΟΠΛΟΪΑ

Τρίτη θέσις

Ὁ Κύριος X... ἐπλήρωσε ναῦλον ἀπο Σ.. μέχρι Τ..

Δραχ. Λετ.

Τό ὅλον θέσεις   2   »

Διχαίωμα ἐγγραφῆς   »   10

Ἐν Ἑρμόπολει Σύρου, τὴν 22 Ἰουλ. 1882   Ὁ Πράκτωρ

Signature illisible.

tructeur à Athènes, avant de faire pivoter ses hommes et de les moudre en farine des Thermopyles, ne manque jamais de leur rappeler leurs ancêtres dans des discours qui ne laissent rien à envier à ceux de l'Iliade. Avouez que la matière est riche. Comment résister à la tentation de haranguer quand on a sans cesse affaire à des hommes qui répondent aux noms sonores de Thémistocle, d'Alcibiade ou d'Aristomène ? et quel crève-cœur pour une âme sensible d'avoir à dire : « Mon cher Léonidas, voilà une tache de rouille sur votre fusil : vous me ferez huit jours de salle de police ! »

Donc, le Grec est harangueur et babillard, comme jadis. Comme jadis aussi, il est querelleur et emporté. Prenez, par exemple, les bateliers. Oh ! quelles belles mêlées ! On dirait que l'Olympe tout entier a soufflé ses passions mugissantes dans ces poitrines tumultueuses, dans ces narines contractées, dans ces défis superbes et ces fanfares de voix pareilles au bruit des grandes eaux. Toutefois ne croyez point que les hommes de mer aient seuls ce privilège d'aptitudes belliqueuses et d'irrépressible faconde. Descendez à terre, vous retrouverez partout la même fermentation cérébrale. Dans les rues, sur les places publiques, au seuil même des temples, partout on se querelle ; partout le tempérament national bouillonne ; partout il éclate en invectives et en sarcasmes, quand il ne jaillit point en longues fusées de rire ou en tempêtes d'allégresse. C'est bien là le pays des luttes à outrance, pour une pomme ou pour une femme ; et je ne suis pas éloigné de croire que, sans l'invention du canon rayé, ce grand pacificateur, nous eussions vu déjà, depuis la résurrection du jeune royaume Hellène, trois ou quatre nouvelles guerres de Troie, toutes plus ou moins renouvelées de l'ancienne.

Mais, tandis que je m'attarde à ces réflexions, notre traversée déjà touche à son terme. Déjà paraît la petite ville de San-Nicolo, port et capitale de Tinos ; déjà nous voyons là jetée couverte de curieux. L'arrivée du bateau, le dimanche, est pour les habitants de cette île isolée tout un événement. On accourt, on s'empresse. Du reste, ce sont des amis qui viennent, des parents qu'on va revoir. De grosses barques nous portent au rivage, et, sur la jetée même, j'ai le plaisir inattendu de rencontrer deux amis qui m'emmènent aussitôt au couvent des Franciscains. Pendant que le bon Fra Giorgio nous prépare à dîner, je cours aux fenêtres. La mer baigne les murs du couvent, qu'elle remplit de sa plainte éternelle. Toujours l'inépuisable poésie des flots ! Je regarde sans me lasser et admire en silence. Une courte promenade dans la petite ville me prépare ensuite au repas monastique ; puis, ce repas terminé, vient le moment solennel. Les mulets sont là, bâtés et sanglés : je vais faire mon apprentissage de la vie de montagne. Sans hésiter je m'installe sur ma bête, et nous voilà partis.

La principale sensation que j'éprouvai d'abord, et presque exclusivement, fut celle de la nouveauté. Nouveauté d'allure, nouveauté d'aspect. Assis sur nos montures, nous gravissions une montagne de marbre. Des touffes de lauriers-roses s'échappaient de toutes parts des fentes des rochers ; nos guides autour de nous babillaient en grec ; les passants nous saluaient de leur sonore : « Kalispéra, Sâs ; Bonsoir, Monsieur ; » de beaux villages, cachés à demi dans des fourrés de figuiers, émaillaient la pente abrupte ; le ciel étincelait sur nos têtes et la mer sous nos pieds ! Nous montions, nous montions toujours. Arrivé sur la dernière crête, du haut d'une corniche circulaire grandiose, je découvre tout à coup une gracieuse vallée taillée en cuvette au centre même de l'île, et parsemée de petits villages blancs : c'est la vallée de Loutra. A notre droite s'élève un énorme rocher sur lequel les Vénitiens avaient construit une forteresse et une ville, maintenant ruinées : c'est le Borgo. Poursuivant notre route dans la direction du nord-ouest, nous traversons le village de Xinara, résidence de l'évêque catholique ; nous longeons les murs de la belle cathédrale construite par Mgr Marango, ancien évêque de l'île, actuellement archevêque d'Athènes ; enfin, après une descente d'environ une demi-heure, nous arrivons au village de Loutra, terme de mon voyage et lieu de ma résidence pendant quatre semaines entières.

Ici un peu de géographie administrative ne sera pas superflue. On sait que la Grèce est divisée en nomes ou préfectures, et en éparchies ou sous-préfectures. Le nome des Cyclades renferme sept éparchies : Syra, Zéa, Andros, Tinos, Naxos, Santorin et Milo. Le nomarque, ou préfet, habite Hermopolis. L'éparchie de Tinos se divise en quatre dêmes, c'est-à-dire en quatre circonscriptions municipales : au sud, la petite ville de San-Nicolo, où réside l'éparque ; au nord, Pyrgo ; au centre, Épanomérie et Katomérie. Le dême d'Épanomérie, comme son nom l'indique, comprend la partie haute de l'île, située à l'est ; il a pour chef-lieu Sténie. Celui de Katomérie comprend la partie basse, située à l'ouest, et tous les villages de la vallée de Loutra ; il a pour chef-lieu Komie. Cela posé, revenons au village de Loutra.

Loutra, λοῦτρα, comme on sait, signifie « Bains ». Ce village doit son nom à sa fontaine, qui possédait autrefois, paraît-il, une vertu curative aujourd'hui perdue, mais dont les eaux, habilement ménagées, n'en continuent pas moins à répandre autour d'elles la fertilité. On voit, partout où elles touchent, des massifs de verdure, de beaux jardins, des vergers chargés de fruits. Ces petites oasis sont entourées de formidables haies de nopal et protégées contre les vents du nord par un rideau de roseaux gigantesques. Çà et là, des bouquets d'oliviers et de figuiers, quelque vigne rampante sur un terrain pierreux, un moulin aux ailes de toile, un pigeonnier de style vénitien complètent le paysage de la vallée, qui va s'élargissant jusqu'à la mer, bordée de sommets pittoresques, semée de blanches églises et fermée à l'horizon par les hautes montagnes d'Andros.

Malheureusement, l'œuvre de l'homme ici contraste singulièrement avec l'œuvre de la nature. Vus de près, les villages grecs sont d'une incroyable laideur, et d'une malpropreté plus incroyable encore. Leurs ruelles, si étroites que le jour y pénètre à peine, leurs maisons délabrées, taudis immondes où grouillent pêle-mêle poulets, enfants, pourceaux, offrent un tel spectacle de sordide négligence, que le voyageur éperdu se demande si c'est bien là la Grèce antique. L'art et la poésie auraient-ils donc réussi à couvrir d'un masque séduisant une si repoussante décrépitude, ou bien les choses auraient-elles changé à ce point ! Les malheurs de la guerre expliqueraient, en effet, plus d'un de ces contrastes choquants. Pendant ces trois derniers siècles surtout, on comprend que, sans cesse en proie à la crainte trop justifiée des invasions ottomanes, les villages grecs aient senti le besoin de s'éloigner des côtes, de se grouper dans des lieux presque inaccessibles, de serrer les uns contre les autres leurs toits ruineux, comme des passereaux effrayés à l'approche du vautour. Toutefois, pour quiconque connaît l'invariable immobilité de l'Orient, le doute reste ; et, quant à moi, je le déclare, toutes les poétiques descriptions de l'Iliade et de l'Odyssée ne m'enlèveront point cette idée, que la peinture du monde grec ancien, si admirable qu'elle soit dans les auteurs classiques, n'est qu'une rayonnante fantasmagorie.

Loutra possède cependant deux beaux édifices : l'église neuve des Jésuites, et surtout un grand pensionnat de jeunes filles tenu par des Ursulines françaises. C'est un spectacle étrange, avouez-le, que de voir sur ce rocher solitaire, au milieu d'une population primitive, croître et grandir ce produit merveilleux de notre civilisation chrétienne. Comment ces pauvres religieuses sont-elles venues s'implanter sur ce sol ingrat, et y greffer un si puissant rameau du grand arbre monastique ? C'est ce que je ne puis raconter ici en détail (1). Qu'il me suffise de dire qu'une femme héroïque, qui se cache sous le nom de Marie de Saint-Ignace, a eu le courage de tenter cet effort surhumain, et qu'elle est parvenue, après bien des années de souffrances, à réaliser le plus cher de ses vœux. Aujourd'hui, dans cet asile béni, plus de trente Religieuses s'emploient à l'éducation de nombreuses jeunes filles, enfants des îles ou du continent, qui, chaque année, viennent s'y former, sous l'aile de leurs zélées maîtresses, aux mœurs chrétiennes et à la pratique de toutes les vertus domestiques. Pourquoi n'ajouterais-je pas que l'appui cordial et généreux donné par le consul français de Syra à ces femmes courageuses a largement contribué au succès final de l'entreprise ? Et pourquoi ne dirais-je pas aussi que le voisinage de quelques Religieux fervents et éclairés a puissamment soutenu, dans leurs épreuves multiples, ces frêles créatures qu'un souffle

---

1. Sur un premier établissement de Religieuses à Tinos, voir les lettres du P. Gilles Henry, S. J., dans l'ouvrage publié par le P. Carayon : *Missions des Jésuites dans l'Archipel* grec, pp. 72 et 236. Poitiers, Oudin, 1869.

devait emporter, et qui ont cependant, grâce à ce soutien providentiel, résisté jusqu'ici aux plus violentes tempêtes ?

Trois ou quatre jours après mon arrivée eut lieu dans ce pensionnat, à tous égards si intéressant, la distribution des prix. Mgr Castelli, évêque de Tinos, vint de son village de Xinara pour la présider. Je vois encore ce bon prélat nous arriver vers deux heures de l'après-midi, monté sur son âne et suivi d'un petit garçon de ferme. Cette simplicité patriarcale me parut touchante. On s'empressa autour de lui, et aussitôt que le désordre de sa toilette, occasionné par les cahots du chemin, eut été réparé, nous entrâmes dans la grande salle du pensionnat. Les jeunes filles étaient vêtues de blanc et couronnées de laurier. On eût dit un chœur de tragédie antique, prêt à entonner la strophe et l'antistrophe ou à commencer une danse religieuse. J'ai vu, en Orient, de gracieux groupes indigènes ; nulle part plus qu'ici je n'ai trouvé le cachet antique, cet air fixe et serein, ces attitudes élégantes, ce repos mystique des Canéphores du Parthénon. J'avais l'honneur de siéger aux côtés de l'évêque, et tous les prix de français furent distribués de ma main. Je n'insiste pas : ces sortes de fêtes scolaires sont assez connues. Qu'on me permette cependant un détail curieux. Nous étions réunis dans une vaste salle toute neuve et soutenue par une vingtaine de colonnes en fonte ; une vingtaine d'autres gisaient pêle-mêle à la porte. Comment ces colonnes étaient-elles arivées jusqu'ici ? Je l'ai dit, il n'y a pas de chemins à Tinos, et partout l'île est abrupte et montagneuse. Pénétrer jusqu'à l'intérieur, même pour le plus humble voyageur et sa modeste valise, n'est possible qu'à dos de mulet. Comment donc transporter jusqu'à Loutra, à deux bonnes lieues de la mer, cette formidable cargaison de fonte ? Tel était le problème, en apparence insoluble. Mais la vaillante supérieure ne se décourage pas pour si peu. Sur le revers septentrional de l'île, elle a découvert une crique sauvage appelée Kolymbithra, et communiquant avec sa chère vallée. Elle y fait débarquer sa fonte, puis elle convoque la population valide des villages environnants. On l'aime dans ce pays ; bon nombre d'hommes répondent à son appel. [On s'attelle aux pièces, et, moitié traînant, moitié roulant, à force de cordes et de patience, on finit par hisser jusqu'au monastère ces masses rebelles, dont quelques-unes pourtant restèrent en chemin. Les villages se relayaient de semaine en semaine, et les contingents furent toujours respectables. Avouez que Bonaparte n'eût pas mieux fait.

Aussitôt après la distribution, les jeunes pensionnaires prirent leur volée. On les voyait dans toutes les directions chevauchant par les sentiers de l'île, gravement assises sur leurs mules comme des matrones romaines. Il en resta pourtant, et leur essaim joyeux, passant derrière nos haies de nopal, interrompit plus d'une fois par son babil et par ses cris mes méditations solitaires.

Il va sans dire que, pendant mon séjour à Tinos, je profitai de toutes les occasions pour faire des courses instructives et visiter les sites les plus pittoresques. Tantôt à califourchon sur un âne rétif, tantôt confortablement installé sur un mulet de haute taille et de ferme allure, j'allais souvent seul, quelquefois accompagné, faisant rouler les pierres du chemin, cherchant ici un point de vue nouveau, là un ombrage frais, poussant même jusqu'à la mer, à travers des haies de lauriers-roses et de lavandes, et ne revenant qu'après un bain délicieux dans les eaux tièdes et bleues du rivage. Qu'on me permette de rappeler brièvement deux de ces excursions, l'une sur les hauts plateaux de la partie orientale de l'île, l'autre vers la rive occidentale.

Pendant la traversée de Syra à Tinos, j'avais lié connaissance avec un élève de l'école française, M. Veyries, qui allait rejoindre à Délos son collègue, M. Salomon Reinach, occupé à des fouilles pour le compte du gouvernement grec (1). M. Veyries devait ensuite venir à Tinos faire quelques recherches épigraphiques. Il vint en effet, et dès le lendemain de son arrivée je l'accompagnai dans une course à Sténie, chef-lieu du dême d'Épanomérie. Grâce à nos excellents mulets, nous eûmes bientôt gravi la pente abrupte et traversé le plateau rocailleux qui la surmonte. Nous arrivons ; on nous conduit chez le démarque. Ce magistrat nous offre d'abord les rafraîchissements d'usage, qui consistent invariablement en confitures servies sur un plat d'argent, avec un verre d'eau et un verre de liqueur ; cela s'appelle le γλυκύ. Puis mon compagnon expose l'objet de sa mission. Il venait pour visiter une ancienne église, située à quelque distance ; il désirait savoir de quelle nature étaient les inscriptions qui s'y trouvent. A vrai dire, c'était mal s'y prendre pour avoir des informations tant soit peu sûres. Les Grecs sont extrêmement jaloux de leurs moindres monuments ; de plus, ils s'imaginent qu'il y a partout des trésors cachés. De là, méfiance profonde vis-à-vis des étrangers. Le démarque fut poli. Il fit même mine de consulter sur les inscriptions susdites des gens du voisinage, qui jouèrent le rôle de comparses. Finalement, la réponse fut telle qu'on qu'on devait la prévoir : il n'y avait rien là, inutile d'y aller, mieux valait retourner sur nos pas et visiter les ruines ma-

---

1. Le résultat de ces fouilles a été publié dans la *Bibliothèque des Écoles françaises de Rome et d'Athènes*, éditée par la librairie Thorin, à Paris.

gnifiques du Borgo. Ces ruines, je les connaissais, et notre rusé Grec les connaissait aussi. Il savait parfaitement que nous n'y trouverions pas trace d'inscriptions ni ombre de trésor : c'est ce qu'il voulait.

Le Borgo, ville et forteresse, construit par les Vénitiens, jadis maîtres de l'île, surpris et dévasté par les Turcs au commencement de ce siècle, vaut bien la peine qu'on s'y arrête. Aussi, malgré notre petite déconvenue épigraphique, n'étais-je point fâché d'y retourner. C'est toujours un spectacle étrange que celui d'une ville saccagée, ruinée, abandonnée d'hier. Rien de plus triste et tout à la fois de plus imposant que ce désert de vie. Au Borgo l'impression est d'autant plus vive que l'évidence d'une catastrophe récente s'impose de toute part. Les maisons ont à peine eu le temps de s'effondrer ; la cathédrale est encore debout, massive et croulante ; l'église des Jésuites, mieux conservée, sert d'abri à quelques chèvres. On se sent pris d'une invincible tristesse au milieu de ces ruines, et la plainte du barde celtique monte d'elle-même aux lèvres du passant : « J'ai vu les murs de Balclutha, mais ils étaient désolés ; le chardon y agitait sa tête solitaire ; la mousse sifflait au gré du vent ; le renard paraissait aux fenêtres ; l'herbe touffue flottait autour de sa tête ; l'habitation de Moïna est désolée ; le silence règne dans la maison de ses pères. »

Après l'excursion de Sténie, un mot de celle de Vrisi (1). Le long de la côte occidentale, serrant de fort près la mer, court du sud-est au nord-ouest une longue arête rocailleuse qui forme comme la charpente osseuse de l'île. Loutra est sur le versant oriental de cette chaîne, Vrisi sur le versant opposé. On comprend dès lors notre itinéraire. Il nous fallait avant

---

1. Vrisi, βρύσεις, source.

tout franchir ce rempart naturel, escarpé, rugueux, crénelé de roches massives. Loin cependant de me sembler pénible, cette ascension fut pour moi pleine de charmes. Nos mulets étaient des vétérans de la montagne que rien n'étonnait. Tant qu'il y eut ombre de sentier, ils en suivirent fidèlement la trace ; quand il n'y eut plus rien, ils continuèrent imperturbablement leur route, allongeant le pas, tournant discrètement les rochers à pic, escaladant bravement les autres. Nous cheminions, à la lettre, dans des sentiers de marbre, lits de torrents desséchés, fouillis de lauriers-roses, de myrtes et de lentisques confondant leur verdure et leurs fleurs étoilées. Le paysage un peu désert s'animait à chaque détour par l'apparition soudaine de quelqu'un de ces colombiers vénitiens dont l'île entière abonde. Parfois une joyeuse volée de ramiers, derniers habitants de ces lieux solitaires, nous prouvait que la vie n'avait point disparu de ces parages, et nous faisait applaudir à l'éternelle jeunesse de la nature. De temps à autre aussi, l'apparition d'un Palikare, le fusil en bandoulière, nous remettait en mémoire l'histoire de ce peuple guerrier. Mais ces rudes montagnards, redoutés de si loin, ne savaient que s'incliner devant leurs prêtres, et nous passions salués du national : « Kaliméra, Bonjour, » qu'une parole bienveillante récompensait au centuple. Parvenus sur la crête, nous laissons un instant errer nos regards sur le vaste panorama de la mer et des îles ; bientôt, cependant, la descente devient si abrupte qu'il nous faut mettre pied à terre, et laisser nos mulets sauter comme nous de roche en roche, le long des degrés d'un escalier géant. Enfin nous arrivons à Vrisi. Des figuiers touffus nous prêtent leur ombre, une source claire jaillit du rocher. Nous visitons la chapelle de la Panagia ; puis vient l'heure du repos. Je profite de ce moment pour casser les échantillons de marbre de toute couleur que j'ai recueillis en chemin, afin de n'emporter que les plus beaux ; mais, après avoir tout pulvérisé, je finis par ne rien emporter du tout. Mon agoyate sourit en me voyant faire ; je ne suis pas, paraît-il, le premier voyageur qui lui donne ce plaisant spectacle.

Après un excellent bain et une collation champêtre sur la plage, où des pêcheurs grecs séchaient leurs filets, nous remontons à cheval ; et c'est ici que notre marche devient incomparable d'intérêt et de splendeur. Au lieu de revenir à Loutra par le même chemin, nous avions préféré suivre dans toute sa longueur l'arête rocailleuse dont j'ai parlé plus haut, gigantesque corniche qui surplombe les falaises et domine au sud-ouest tout le vaste horizon des Cyclades. Pendant deux heures peut-être, nous cheminâmes ainsi en face de Délos et de son cortège d'îles et d'îlots. Jamais il ne fut donné à l'œil humain de contempler plus ravissant spectacle. Du haut de cette galerie aérienne nous plongions dans un océan de lumière et d'azur ; nous nous sentions, pour ainsi dire, transportés à la fois dans toutes ces îles célèbres, Syra, Paros, Naxos, Miconi, qu'il nous semblait toucher de la main. Délos surtout, frêle et délicate, si gracieuse au milieu de ses sœurs, Délos fascinait mon regard ; je n'en pouvais détacher mes yeux ni ma pensée, et lorsque le soir, rentré au logis, je m'accoudai à ma fenêtre devant la sombre masse du Borgo, c'est encore l'île sacrée que je contemplais dans mes rêves ; et à l'heure où j'écris, si loin d'elle pourtant, je la vois toujours sur l'océan de mes souvenirs flotter comme une algue marine, comme un nénuphar blanc.

Le lecteur doit se faire maintenant une idée de l'aspect

général de l'île ; je passe à quelques remarques sur ses habitants.

Tinos compte une population d'environ 22,000 habitants, disséminés en une multitude de villages dont un grand nombre n'ont pas plus de quarante feux. Sur ces 22.000 habitants, 4.000 à peine sont catholiques ; le reste est schismatique ou, comme on dit dans le pays, orthodoxes. Dans l'espoir de ramener au bercail ces brebis errantes, le Souverain-Pontife se proposait, m'a-t-on dit alors, de donner à des prêtres du rit grec-uni le couvent des Franciscains de San-Nicolo. Mais je ne sais où en est ce projet, ni si les difficultés qu'il semblait devoir soulever ont été aplanies.

Le clergé séculier se recrute parmi les enfants de l'île, qui d'ailleurs fournit des sujets à presque tous les clergés d'Orient. Ce n'est pas à dire pour cela que ces clergés soient nombreux et en état de se suffire à eux-mêmes. Celui de Tinos, le plus favorisé, puisqu'il est la pépinière des autres, compte une vingtaine de prêtres. Syra n'en a qu'un nombre infime. L'archidiocèse d'Athènes est desservi par une quinzaine de prêtres, sans réguliers pour leur venir en aide. J'ai entendu Mgr Marango, à la suite de l'annexion de Volo, déplorer cette situation : il n'avait personne à envoyer dans ce poste important. Smyrne n'est pas mieux pourvu, mais les Franciscains italiens ont là plusieurs couvents prospères. Enfin, la métropole elle-même, Constantinople, sur ses quatre paroisses latines, n'en a qu'une dont le personnel appartienne au clergé séculier.

Cette pénurie de prêtres s'explique par les difficultés du recrutement et le manque de ressources. Le croirait-on ? dans tout l'Orient il n'y a pas un seul séminaire, et les tentatives faites pour en établir ont toujours échoué.

Les évêques des îles et du continent envoient bien quelques sujets se former à la Propagande ou chez les Jésuites de Beyrouth, mais le nombre de ces privilégiés est nécessairement très restreint.

Si les vocations ecclésiastiques sont rares parmi les indigènes, on comprend que les vocations religieuses le soient plus encore. Aussi tous les couvents latins d'hommes se recrutent-ils en Occident. Quant aux femmes, l'esprit du pays s'accommode fort bien d'une institution mixte, qui tient le milieu entre la vie mondaine et le cloître. On trouve en Grèce, je parle des îles, un très grand nombre de Religieuses qui portent l'habit de leur Ordre et en remplissent les obligations principales sans toutefois adopter la vie de communauté. C'est un spectacle qui ne manque pas de nouveauté pour le voyageur que de se voir accueilli, au seuil des maisons qu'il visite, par des jeunes filles vêtues de bure, qui lui présentent les rafraîchissements d'usage. Je me souviens d'un dîner, chez un des plus honorables habitants de Komie, où nous fûmes servis à table par les sœurs de notre hôte, l'une Franciscaine, l'autre Ursuline, toutes deux en grande tenue monacale.

Le costume des habitants des îles n'offre rien de bien saillant. Les hommes portent un large pantalon, une jaquette et un béret, le tout de couleur sombre, comme les marins de nos côtes. Les femmes sont, elles aussi, fort simplement mises. Leur coiffure ordinaire est une sorte de bonnet très léger ; mais, depuis quelque temps, le chapeau, paraît-il, menace de faire invasion jusque dans les villages. Plus d'un bon prêtre s'en inquiète ; d'autres ne voient pas grand mal à cette petite innovation. Il y a du pour et du contre, et la question pourrait bien finir par s'envenimer quelque peu.

BEYROUTH. — L'Université Saint-Joseph.

J'oserais même dire, d'après ce qui m'est venu aux oreilles, qu'elle s'envenime déjà, et que l'avenir du chapeau dans les îles semble gros d'orages.

Le climat est agréable ; sain dans les parties hautes de l'île, on le dit légèrement fiévreux dans les parties basses. Remarquons, toutefois, que ces fièvres sont en grande partie dues à l'imprudence des habitants, qui, durant la belle saison, se nourrissent presque exclusivement de melons et de pastèques. Quand on les engage à se procurer de la viande de boucherie, ils répondent : « Nos pères s'en passaient, nous pouvons bien nous en passer aussi. Il est vrai qu'ils avaient la fièvre ; nous l'aurons comme eux, et tout sera dit. »

Je ne parle pas de la culture, qui est fort négligée. Outre que le paysan grec a peu de goût pour le travail, son calendrier est tellement surchargé de fêtes chômées qu'il lui reste à peine le temps de faire l'indispensable. D'ailleurs le figuier, dont le fruit sert de base à l'alimentation générale, demande peu de soins, si ce n'est au moment de la caprification. Quant à la vigne, on l'abandonne à elle-même. Les ceps, étant très forts, n'ont besoin d'aucun appui. Les branches croissent avec une telle vigueur que celles d'un seul cep, lorsqu'elles ne trouvent pas de figuier pour s'y accrocher, occupent quelquefois une circonférence de 80 à 100 pieds. Elles s'étendent alors horizontalement de manière que, pour apercevoir les raisins, on est obligé de soulever la tige et d'écarter les feuilles.

Enfin, un mot de la langue. Et d'abord, le verbe *être* y est toujours conjugué d'une manière toute différente de la forme classique. On dit : εἶμαι, je suis ; εἶναι, il est. Le futur de nos grammaires disparaît complètement. On le remplace par un infinitif apocopé, précédé de θέλω ; exemple : ἐθέλω εἰπεῖ, je dirai ; ou par un subjonctif précédé de θὰ, abréviation de θέλωνά, θέλω ἵνα, exemple : θὰ ἔλθω, je viendrai. Certains mots du grec classique font invariablement place à d'autres, peut-être plus anciens ; exemple : ψωμί, pain ; νέρο, eau (de là, Nérée, Néréides) ; σπίτι, maison. De deux mots anciens, souvent un seul survit dans la langue populaire. Si vous voulez, par exemple, demander à un villageois votre chemin, n'employez pas le mot ὁδός, vous ne seriez pas compris ; dites-lui τίς εἶναι δρόμος εἰς... quel est le chemin vers ?... et il vous répondra aussitôt.

Puis viennent ces expressions qu'on entend retentir partout : παλά ! πολύ καλά ! bien ! très bien ! παλημέρα, Σᾶς, bonjour, Monsieur ; παλησπέρα, Σᾶς, bonsoir, Monsieur ! ναί, oui ; ὄχι, non ; τώρα, tout à l'heure ; στάσο, attends. Nous traversons, par exemple, le nouveau bâtiment des Ursulines, non encore achevé ; la supérieure crie à un ouvrier travaillant sur un échafaudage : στάσο μία στιγμή ! attends une minute ! et l'ouvrier s'arrête, et nous passons indemnes au milieu de son plâtre. Dans une visite à une famille, je remarque une respectable matrone d'un embonpoint plus qu'ordinaire, qui ne cesse de répéter en s'éventant : τι ζέστη ! τί ζέστη ! quelle chaleur ! quelle chaleur ! Le mot ψυχή, âme, s'emploie pour désigner une personne en général ; aussi j'avais un vrai plaisir à entendre notre petit domestique me dire : « Monsieur, une âme (ψυχή) vous attend à la porte. »

Terminons ici ce rapide coup d'œil sur l'île de Tinos. Ce que j'en ai dit pourrait s'appliquer, avec quelques variantes de détail, à toutes les îles du groupe, dont elle est peut-être le type le plus complet. Aussi plusieurs lettrés ont-ils eu la pensée de faire la monographie de ce coin de terre, d'une originalité si frappante. Mais je crois qu'aucun d'eux n'aura le courage de poursuivre son œuvre lorsqu'il saura que l'éminent archevêque d'Athènes, Mgr Marango, ancien évêque de Tinos, enfant des îles, archéologue et helléniste de première force, a entrepris lui-même et probablement aujourd'hui terminé cette monographie, dont il a puisé les éléments à des sources pour tout autre que lui simplement inaccessibles.

Dès le 20 août, je reprenais le chemin de la ville et du port de San-Nicolo. En passant à Xinara, résidence de l'évêque, je m'arrêtai un instant pour saluer une dernière fois Sa Grandeur. J'entrai dans la cathédrale ; Mgr Castelli achevait sa messe. A peine eut-il déposé les ornements sacrés que, s'avançant à travers la foule agenouillée, il vint me serrer la main et m'embrasser au pied même de l'autel avec la plus cordiale effusion. Je partis, en priant DIEU pour le pasteur et pour son troupeau.

La brise était forte, la mer agitée ; je craignais que le bateau de Syra ne vînt point, ce qui eût retardé mon départ d'une semaine entière. Arrivé à San-Nicolo, j'allai l'attendre chez des amis. Une partie de la maison était occupée par une nombreuse famille grecque, échappée aux massacres d'Alexandrie. Parmi les domestiques de cette famille, on me fit remarquer une jeune esclave noire, qui avait coûté... vingt-cinq francs. Enfin, le bateau parut, et pendant qu'il allait à Mikoni pour revenir ensuite nous prendre, je fis une petite visite à Fra Giorgio dans son couvent solitaire. Ce bon moine se prosterna devant moi, et voulut me faire fête. Mais rien ne pouvait m'être plus agréable que de contempler une fois encore, des fenêtres de son modeste divan presque à fleur d'eau, le grand spectacle de la mer. Les vagues, sans être énormes comme celles de l'Océan, roulaient cependant et blanchissaient sur toute la face houleuse, avec une vivacité et un élan superbes. Jamais je n'ai mieux compris ce beau et simple vers des *Orientales* :

La mer semble un troupeau secouant sa toison.

C'est parfaitement cela : un troupeau mutiné ! partout de blanches toisons d'écumes, fouettées par le vent, frissonnantes, courroucées, folâtres ! Le troupeau fuit et revient, glisse et bondit, gronde ou murmure, s'éparpille soudain et soudain se resserre pour courir à l'assaut d'un gracieux bloc de marbre qu'il enserre de ses mailles de cristal, et qu'il baise plutôt qu'il n'attaque. Ce n'est pas une tempête, c'est une petite guerre de vagues lutines et coquettes, capricieuses et sautillantes, une ronde de jeunes Bacchantes enivrées de soleil et de lumière, un jeu de tritons et de nymphes plein d'élégance, de souplesse et de grandeur.

Mais, hélas ! ce spectacle si beau, vu du rivage, n'a plus le même charme, vu du pont d'un navire. Ce qui, là-bas, berçait doucement mes regards, ici me secoue sans pitié les entrailles. Bientôt les nausées m'envahissent et, après un mélancolique adieu jeté aux côtes poétiques de Tinos, je fais dans le port de Syra, appuyé au bastingage du bateau, une entrée plus mélancolique encore. Une fois à terre, le malaise se dissipe comme par enchantement. Me voici de nouveau sur les quais d'Hermopolis ; de nouveau je gravis l'âpre colline au sommet de laquelle je retrouve, après un mois d'absence, ma terrasse, mon observatoire, plus beau, plus radieux que jamais. Pendant huit jours entiers, sans un moment d'interruption, je vais contempler le délicieux horizon des Cyclades, et prendre tous mes repas entre deux fenêtres, dont l'une encadre Délos et l'autre, Paros, cette Paros de neige, comme l'appelle Virgile :

Niveamque Paron (1).

Pendant huit jours entiers, je n'aurai d'autre souci que de compter les îles, les voiles blanches et les vagues, m'enivrant de lumière et de poésie, et respirant à pleins poumons les brises salées de la mer. Je défie le dilettante le plus blasé de rester insensible à cette manne quotidienne de splendeur tombant du ciel dans une pauvre âme humaine. Aussi ne me laissai-je distraire qu'un instant de cette contemplation extatique pour aller présenter mes hommages à l'évêque de Syra, Franciscain de vieille roche, autrefois préfet du couvent italien de Sainte-Marie, à Constantinople. Ce saint prélat me reçut avec sa douceur et son aménité ordinaires. Je visitai la cathédrale et la terrasse de l'évêché, d'où l'on plonge, comme du haut d'un nid d'aigle, dans un abîme d'une effrayante beauté. Puis je revins presque automatiquement reprendre mon poste d'observation.

Profitons de cette occasion pour remarquer que les habitants de la vieille Syra, au nombre de quatre à cinq mille, sont catholiques. Les habitants d'Hermopolis, au contraire, sont presque tous grecs orthodoxes.

Heureux, je l'étais dans mon ermitage féerique ; satisfait, qui ne l'eût été ? Mais le cœur de l'homme est insatiable. Il me restait un désir inassouvi, une conquête des yeux à faire. Du haut de ma montagne j'embrassais, il est vrai, le grand panorama des Cyclades ; mais un sommet plus élevé me dérobait au nord la vue de l'Attique et de l'Eubée, sans compter quelques îles secondaires qui manquaient encore à ma syn-

---

1. Énéide, III, 126.

thèse optique de la mer Égée. Ce sommet, où se dressait jadis une tour, porte encore le nom de Pyrgo. Je voulais y arriver, coûte que coûte, et, du haut de ce piédestal cyclopéen, du haut de cette loggia fantastique, embrasser d'un coup d'œil tout l'immense horizon de la Grèce insulaire et continentale. Je pris donc un jeune guide, et me mis en route à pied. Nous longeâmes d'abord par son sommet la gorge magnifique et sauvage qui ferme la vallée d'Hermopolis. Puis commença l'ascension, un peu rude, il faut l'avouer. Je crois que des mulets eux-mêmes, si nous en avions eu, seraient restés en chemin. Enfin, nous arrivons.

Le sommet est un plateau oblong, semé de quartiers de roches avec les ruines de l'ancienne tour. La fatigue fut bientôt oubliée en présence de l'admirable spectacle que nous étions venus chercher si haut. Le soleil s'inclinait à l'ouest sur les montagnes bleuâtres de l'Attique et du Péloponèse ; au nord, la pointe sud de l'Eubée semblait s'avancer à la rencontre d'Andros. Zéa, Thermia, Serpho, quantité d'autres îles et d'îlots raboteux, entre le cap Sunium et nous, constellaient les eaux étincelantes. Délos et les îles sœurs, Paros, Naxos, Miconi, Tinos, décrivaient du côté opposé leur courbe gracieuse ; plus près, tout autour de Syra, le rivage découpé, plissé, creusé ou arrondi, formait des centaines d'anses rocailleuses et noirâtres où se jouait la blanche écume. Appuyé contre les débris de la tour, je jouissais et bénissais DIEU. Désormais le but de mon voyage était pleinement atteint : j'avais conquis, jusque dans ses moindres détails, ce panorama classique. Ce cercle magique des Iles de marbre, ces Cyclades enchanteresses, s'étaient montrées à moi sans voiles ; j'avais fait connaissance, que dis-je ? j'étais entré dans l'intimité rayonnante de ces Reines de la mer. Désormais je pouvais partir, emportant dans ma mémoire et dans mon cœur leur gracieuse image et d'impérissables souvenirs.

Nous redescendîmes le Pyrgo lentement, je dirai presque religieusement. L'admiration, en effet, touche parfois de bien près à la prière. A mi-côte, nous nous arrêtâmes dans une chaumière. Une paysanne grecque, ornée de beaux enfants suspendus à sa robe, endormis dans ses bras, nous reçut avec une simplicité antique. Elle nous offrit « le peu qu'elle avait », me dit-elle : c'étaient des figues et du raisin, σῦκαι καὶ στάφυλαι. Dieu ! quelles figues et quel raisin ! quel arome et quelle saveur ! O vous tous qui, dans les brumes de l'Occident, lacérez d'une dent paresseuse la figue sèche et aride que l'Orient vous jette avec dédain, venez, princes, venez, peuples, venez en foule chez la paysanne de Syra. Entrez dans sa chaumière, ou plutôt arrêtez-vous sous son figuier ! cueillez vous-même le fruit onctueux, velouté ; portez-le à vos lèvres arides, et dites-moi si la nature n'a point ici fait son chef-d'œuvre en tirant du rocher ce miel exquis, cette manne savoureuse que nos terres plus riches sont impuissantes à produire !

Mais l'heure du départ a sonné. Après les Iles de marbre, la Ville de marbre : allons à Athènes. Aussi bien aurions-nous une idée trop incomplète de la Grèce si nous n'en visitions point la capitale.

Nous sommes au 26 août, c'est-à-dire, au 14 août du calendrier grec. Demain, c'est la grande fête de la Panagia, notre Assomption latine.

Il est six heures du soir ; les cloches sonnent dans toutes les églises d'Hermopolis, de joyeuses détonations éclatent, les fanfares retentissent, des feux de joie s'allument de toutes parts. La mer est couverte de navires pavoisés partant pour le sanctuaire vénéré de la Vierge de Tinos ; il me semble voir une Théorie antique déployant ses blanches voiles et voguant vers l'Ile sainte comme aux temps de Socrate et de Périclès. Béni soit DIEU qui a changé l'objet de ce culte poétique et remplacé Diane par Marie !

Je jette un dernier regard à l'horizon bien-aimé, un dernier adieu à mes hôtes, et bientôt je me retrouve sur la grève où m'attend un bateau du Lloyd autrichien qui appareille pour le Pirée.

III

PARTIS de Syra vers 8 heures, nous fîmes cette poétique traversée par un magnifique clair de lune. Après avoir longé la pointe septentrionale de l'île, nous nous dirigeâmes vers Zéa, l'ancienne Céos, patrie de Simonide ; de là, en ligne droite, vers le cap Sunium. J'étais resté sur le pont bien avant dans la nuit, causant avec notre capitaine dalmate, jouissant de la fraîcheur, et contemplant le jeu des vagues sous la lumière scintillante des étoiles. Toutefois j'avais fini par aller, comme tout le monde, chercher sur ma couchette un peu de repos. Mais je n'y fus point longtemps. Bien avant le lever du soleil j'étais debout. Je voulais voir l'aube pointer sur les collines de l'Attique, et ne rien perdre du charme des premières impressions. Je fus servis à souhait. Nous étions en plein golfe Saronique. Vers le nord, on ne distinguait encore qu'une ligne vaporeuse où se dessinaient vaguement de gracieux reliefs. Peu à peu l'horizon s'éclaira ; les contours s'accusèrent sur un ciel d'opale, et bientôt la chaîne entière des collines athéniennes se déploya le long du rivage en groupes harmonieux. Une déchirure nous laissa voir un instant le rocher de l'Acropole ; au fond rayonnait l'Hymette. Plus près de nous, les sommets d'Égine et de Salamine s'empourpraient des feux du soleil levant.

Il était environ six heures lorsque nous entrâmes dans le port du Pirée.

Je fus étonné d'abord de voir notre bateau accosté seulement par un petit nombre de barques silencieuses. Ce n'était point là la *furia* ordinaire. Mais les cloches qui sonnent de tous côtés, un batelier qui passe près de nous dans son canot en faisant le signe de croix grec (1), me rappellent bientôt que nous sommes au grand jour de l'Assomption (2).

J'avais à bord fait la connaissance d'un jeune Athénien, qui s'était obligeamment offert à m'aider dans les petites difficultés du débarquement. Tout devait aller à merveille : quelques coups de rames et nous serions sur le quai. Mais l'homme propose et.... le douanier dispose. Il était écrit que, malgré la complaisance de mon compagnon et malgré l'apaisement de l'humeur nationale causé par la fête religieuse, nous aurions, en abordant dans la patrie et près du tombeau de Thémistocle, notre petite tempête de gros mots et de grands gestes.

Installés dans un modeste canot, nous voguions paisiblement vers la rive, lorsque soudain un spectre à pantalon bouffant, cheveux bouclés, nez crochu, se dresse devant nous. Il était non pas sur son char, comme eût dit Théramène, mais plus poétiquement encore, debout à l'avant de sa

---

1. Les Grecs, au rebours des Latins, en faisant le signe de la croix, vont de l'épaule droite à l'épaule gauche.

2. 15 août, vieux style.

barque officielle, se profilant sur l'horizon comme la sombre silhouette de la Fatalité. D'un geste bref et impératif, il nous somme d'aller à la douane faire visiter nos bagages. Quels bagages ? D'abord nous n'en avions pas ; de plus, nous venions d'Hermopolis, c'est-à-dire, du cœur même du royaume ; enfin, détail caractéristique, les autres passagers débarquaient librement, nous seuls étions marqués au fer rouge par ce cerbère graisseux. Évidemment le Ciel voulait une victime, et ce nouveau Calchas m'avait choisi, quoique indigne, pour son Iphigénie. Je devais, sous peine de ne jamais prendre Troie ni voir Athènes, immoler sur l'autel du dieu Bakchiche une drachme immaculée. Tel était l'arrêt du Destin !

Si j'avais été seul, je crois que je me serais prosaïquement exécuté comme un Agamemnon vulgaire ; mais mon jeune ami se sentait de taille à lutter contre le formidable Triton « Eh quoi ! Calchas, tu n'as pas honte ! — Eh quoi ! jeune téméraire, tu oserais ! » Le dialogue s'engage sur ce ton entre les deux barques, et dégénère bientôt en une véritable tempête de puissantes invectives et d'épithètes sonores, qui volent d'un bord à l'autre comme des flèches acérées ou roulent en vagues tumultueuses. Tels deux lions nourris sur les sommets des montagnes, tels deux sangliers aux défenses formidables : tels nos deux héros, frémissants de colère, l'œil étincelant, les narines contractées, se défient superbebement et s'épuisent en clameurs passionnées. Dire l'ardeur des deux champions dans ce bruyant tournoi, la véhémence de l'attaque, la mordante âpreté de la réplique, ce flux de paroles « rapides », cette exubérance de gestes, serait chose impossible : il faut voir cela de ses yeux, et connaître par expérience les inépuisables ressources de la faconde grecque.

J'en avais pris mon parti, et, m'étant le plus commodément possible installé au fond de la barque, j'attendis en paix que la tourmente prît fin. Cela dura un gros quart d'heure ! Enfin, malgré l'indomptable courage déployé par mon bouillant Achille, la victoire resta au Diomède administratif. Il nous fallut virer de bord, et mettre le cap sur le Dépôt, situé à l'autre extrémité du port. C'était une excursion inattendue sur les eaux paisibles du Pirée qui s'imposait à nous. J'en bénis le Ciel, et jouis en vrai Sybarite de cette délicieuse promenade matinale.

Inutile d'ajouter que nos deux barques se séparèrent au bruit d'une dernière volée d'injures. Et pourtant tout n'était pas fini. Lorsque nous débarquâmes, après cette odyssée comique, sur les quais du Pirée, mon jeune ami encore tout haletant me dit en me serrant la main : « Monsieur, je suis fâché de ce qui est arrivé, mais, croyez-le bien, justice sera faite ! Je vais de ce pas trouver le Ministre de l'Intérieur, et demander prompte et solennelle réparation. » Je ne pus que m'incliner avec respect devant ce tout-puissant citoyen d'Athènes, qui allait remuer un ministre pour mettre fin à une rixe de cabaret. Plus tard, je compris mieux l'état de la question. Dans ce petit royaume, les moindres incidents prennent parfois des proportions inattendues, et il ne faudrait pas trop s'étonner, étant donné le caractère national, d'y voir de temps à autre un ministre jouer le rôle de simple sergent de ville : histoire d'une tempête dans un verre d'eau !

Le Pirée est une ville toute moderne, percée de larges boulevards et bien bâtie. Je me dirigeai d'abord vers l'église catholique, desservie par Dom Zalloni, enfant de Tinos et modèle des vertus sacerdotales. Ce saint prêtre me reçut avec la plus grande cordialité et m'offrit un gîte dans sa pauvre demeure. Je dis aussitôt la messe, et, après un rapide déjeûner, je partis pour Athènes.

On comprendra facilement l'impatience où j'étais de voir de mes yeux cette merveille de l'ancien monde. D'ailleurs les relations entre les deux villes sont on ne peut plus faciles : la distance n'est que de huit kilomètres, et toutes les demi-heures il y a un train montant et descendant. Je pris le premier que je trouvai vers neuf heures du matin. Les voitures étaient pleines ; parmi les passagers je remarquai bon nombre de soldats. On parlait beaucoup ; je crus entendre qu'il s'agissait d'escarmouches sur les frontières de Thessalie ; la fibre nationale vibrait. Ces pauvres Turcs allaient en voir de belles !... Ces pauvres Turcs ! les Grecs n'en parlent qu'en haussant les épaules et avec un sourire de pitié. Évidemment ils n'en feraient qu'une bouchée.

Mais trêve au bruit des conversations : voici Phalère. Phalère ! quoi de plus prosaïque qu'une vulgaire station de chemin de fer, mais quoi de plus poétique que celle-ci ! Les flots de la rade viennent se briser à quelques pas des lourds wagons, le soleil étincelle sur ces eaux fameuses, la plage est fraîche et souriante, et la montagne qui l'encadre à l'est n'est autre que l'Hymette.

C'est ici la patrie de Démétrius, ce lettré délicat, cet orateur populaire auquel les Athéniens élevèrent, dit-on, jusqu'à 360 statues.

En sortant de Phalère on entre dans le grand bois d'oliviers qui ombrage les bords du Céphise (1). Ce fut pour moi une véritable surprise de trouver une forêt dense, profonde,

---

1. Voir la carte des environs d'Athènes et un plan de la ville dans l'*Atlas de Stieler*, n. 57.

d'aspect mystérieux et vénérable, là où je ne m'attendais à rencontrer que quelques maigres arbustes, vestiges impuissants d'un passé disparu. A peine mon imagination eût-elle osé rêver pour Athènes une avenue plus grandiose. Nous traversons le lit desséché du Céphise ; un instant nous disparaissons au milieu des ombres du bois sacré. Peu à peu ce rideau de verdure s'entr'ouvre ; de majestueuses ruines sur-

ATHÈNES. — La Tour des Vents.

gissent de toutes parts ; une colline abrupte, sorte de promontoire jeté entre deux vallées, sert de piédestal à ces merveilles de marbre. Portiques, frontons, colonnades, s'étagent et s'entassent sur ce poétique sommet. C'est la ville des sanctuaires ; c'est la ville des dieux, avant-courrière de la ville des hommes : c'est l'Acropole (1) !

1. La hauteur de l'Acropole est de 156 mètres. Chateaubriand donne à la plate-forme qui la couronne 800 pieds de long sur 400 de large.

ATHÈNES. — Vue générale de la ville et de l'Acropole.

Encore quelques minutes, et le train s'arrête : nous sommes à Athènes.

Selon mon habitude, je m'aventure seul dans les rues : l'horreur du cicerone et de ses phrases caduques me suit partout. Je laisse à ma droite le temple de Thésée, j'arrive au Bazar, puis à la Tour des Vents. Ce qu'on admire dans cette tour octogone, dit M. Michaud, c'est la légèreté de sa construction, l'élégance de sa voûte, l'image des vents sculptée sur les huit côtés extérieurs de l'édifice. Les derviches tourneurs l'ont habitée longtemps, et leurs exercices habituels n'étaient pas sans harmonie avec les scènes représentées en dehors de ce monument. A les voir, en effet, danser au son de leur musique orientale, à les voir pirouetter et tourbillonner comme des fantômes aériens, n'aurait-on pas pu croire que les vents étaient rentrés dans leur antique demeure (1) ? »

Enfin, je me trouve au pied même de l'enceinte crénelée de l'Acropole, qui domine de sa masse imposante la ville entière. L'entrée est du côté opposé ; je ne pouvais donc la trouver ici. Remettant à plus tard la visite de ces ruines fameuses, je rebrousse chemin et longe la route d'Éole, pleine de mouvement et de vie. Mais la couleur locale manque dans cette foule bruyante ; le costume européen l'emporte partout sur le costume national, la fustanelle a disparu (2). Comme pour ne me laisser aucune illusion sur l'époque à laquelle j'ai l'honneur de vivre, un orgue de barbarie de dimensions colossales hurle au milieu de la rue ses rapsodies parisiennes. Je hâte le pas, et bientôt, tournant à angle droit, je m'engage dans la rue d'Hermès et arrive au Palais

1. Michaud, *Correspondance d'Orient.*

2. La fustanelle, espèce de jupon blanc plissé, semblable, sauf la couleur, au kilt écossais.

royal. On sait que ce palais n'a aucune prétention architec-
turale: il est grand, massif, bourgeois. Le jardin qui l'entoure,
vaste corbeille de cactus, d'agavés et d'orangers, est au contraire admirable de végétation orientale. Je le visitai, malgré
une chaleur torride, et ne m'arrêtai que devant la baïonnette
pacifique d'un factionnaire, vêtu de l'uniforme de coutil gris
des soldats de Sa Majesté Hellène, et posté sous un parasol
en guise de guérite.

J'étais dans la ville neuve, Néapolis, percée de beaux boulevards, ornée de splendides monuments, parmi lesquels se
distingue l'Université, Πανεπιστήμιον. J'y cherchai quelque
temps l'École française d'Athènes, et finis non sans peine
par la trouver. L'École française d'Athènes est une grande
et belle maison située au pied du Lycabète, l'ancien mont
Anchesme, et d'où l'on jouit d'une vue magnifique sur
toute la vallée du Céphise encadrée dans ses montagnes de
marbre. Si mes souvenirs sont fidèles, cette École compte
régulièrement six élèves, et se renouvelle tous les trois ans.
Chaque automne voit deux anciens partir, et deux nouveaux
arriver de l'École Normale de Paris: les candidats sont élus
au concours. Je retrouvai là M. Veyries, que j'avais connu à
Tinos. Il eut l'obligeance de me donner quelques conseils
sur les courses à faire, et plusieurs renseignements utiles. Il
me fit voir aussi la bibliothèque, qui est très riche en ouvrages d'archéologie grecque et romaine: « Voici notre chapelle,» me dit-il en m'y introduisant.

Dans l'après-midi, après avoir pris l'air d'Athènes et par-
couru les principaux quartiers, je retournai au Pirée. En
passant à Phalère, je me promis d'y revenir le soir même
pour assister du haut des collines environnantes au coucher
du soleil. J'y revins, en effet, et jamais je n'oublierai ce spec-

tacle. Il était environ six heures. J'avais gravi la rampe bordée de villas qui fait face à l'Hymette sur la rive occidentale du golfe. Du haut de cette galerie aérienne, je découvrais la baie de Phalère et la forêt d'oliviers, l'Acropole et les collines d'Athènes, toute la vallée du Céphise et une partie de celle de l'Ilyssus ; à l'est l'Hymette, au nord le Pentélique, à l'ouest le mont Icare, par-dessus lequel on aperçoit la cime pesante du Cithéron. Les teintes violettes de ces montagnes, la verdure pâle des oliviers, l'indigo profond des flots, mille reflets indescriptibles, mille nuances admirablement fondues, faisaient de cet horizon une merveille de lumière. Je chercherais en vain des expressions pour peindre un pareil tableau. Qui n'a pas vu la lumière d'Athènes ne saurait s'en faire une idée. Ce n'est ni l'éblouissante clarté de la Syrie et de l'Égypte, ni le sombre éclat de la Sicile, ni les teintes chaudes des côtes d'Italie ou du revers méridional des Alpes: c'est un mélange de tons délicats, plein d'harmonie et de richesse, un fluide cristallin qui baigne également tous les points de l'horizon, un rideau de gaze pourprée, jeté comme l'écharpe d'Iris sur la croupe arrondie des montagnes : l'idéal, en un mot, de la beauté plastique rêvé par le poète et vainement poursuivi par le peintre.

A mon avis, cette lumière élyséenne explique à elle seule, et la simplicité sublime de la tragédie antique, et la sublime pureté de la statuaire grecque. Rien d'étonnant qu'à un moment donné une génération d'hommes supérieurs, vivant dans un pareil milieu, soit arrivée par l'imitation de la nature à la perfection de l'art. Ne craignons pas de le dire : Sophocle et Phidias ont eu pour premiers inspirateurs les horizons de leur patrie, et pour dernier maître un coucher du soleil à Phalère.

Lorsque je m'arrachai enfin à ce spectacle, le soleil avait disparu derrière les montagnes d'Éleusis, et la lune se levait entre les deux cimes de l'Hymette. Je rentrai au Pirée.

Le lendemain, 28 août, après une course au consulat français, je retournai à Athènes. Dom Zalloni m'avait fortement pressé d'aller me présenter à l'archevêque, Mgr Marango. Je me rendis donc directement à la rue de l'Université, où demeure ce prélat : « Comment, me dit-il, vous auriez quitté Athènes sans venir me voir ! Dès ce moment vous m'appartenez. » Et, appelant ses gens, il me fit aussitôt préparer une chambre dans son palais de marbre.

Mgr Marango est un homme éminent, aussi distingué par son énergie que par l'élévation de ses idées, digne sans raideur, ferme sans rudesse, actif sans précipitation, inébranlable sur le terrain du droit, condescendant partout ailleurs et souverainement affable. Hellène de cœur et d'aspiration, mais patriote sage et prudent, évêque de la plus forte trempe, prêtre pieux, administrateur éclairé, érudit de premier ordre : tout concourt à faire de lui un homme hors ligne, une des principales colonnes de l'Église latine en Orient.

Devenu ainsi l'hôte de l'archevêque pour trois jours, c'est-à-dire, jusqu'au départ du bateau de Constantinople, je dînai en tête-à-tête avec lui ; puis, reprenant le chemin du Pirée, j'allai y chercher ma valise, et revins m'installer à l'archevêché dans l'après-midi. Inutile de dire que ces promenades, du Pirée à Athènes et d'Athènes au Pirée, furent pour moi pleines de charmes. Traverser le grand bois d'oliviers, revoir Phalère surtout était ma grande joie dans ce court, mais si intéressant trajet, que, grâce à la vapeur, je fis cinq fois en deux jours. Pourquoi ne l'avouerais-je pas ? Je ne suis point de ceux qui fulminent contre les inventions modernes, et je trouve que l'hélice et la locomotive ont du bon. Sans elles qu'eussé-je vu ?

Dans la soirée, je me disposai à monter à l'Acropole : c'était un moment solennel. Monseigneur m'invita gracieusement à prendre place dans sa voiture, et voulut me conduire lui-même jusqu'au seuil de cette enceinte sacrée. Je remarquai, chemin faisant, avec quel respect, avec quelle sympathie on saluait le vénérable archevêque. Entre autres notabilités, nous rencontrâmes le président du Conseil des ministres, M. Tricoupi, qui se montra des plus courtois.

A l'entrée de l'Acropole, je fus laissé aux mains des Invalides, gardiens de ces splendeurs. Je visitai tout, je ne décrirai rien. Il me faudrait répéter ici ce que tant d'auteurs plus compétents que moi ont si bien dit dans leurs nombreux et savants ouvrages : je ne m'en sens ni le goût, ni le loisir (1). On sait assez d'ailleurs quels sont les principaux monuments de cette ville des dieux : les Propylées, escalier monumental, orné de beaux portiques, et par lequel on accède à la plate-forme centrale; le temple de la Victoire Aptère, cette corbeille de marbre si finement ciselée; le temple d'Érechtée et ses célèbres cariatides ; enfin, le Parthénon. On sait aussi dans quel état se trouvent ces vénérables débris, et quelle fut l'œuvre de destruction des bombes vénitiennes, des boulets turcs et des archéologues anglais. Lord Elgin surtout se distingua par son vandalisme : « Il a voulu, dit Chateaubriand, faire enlever les bas-reliefs de la frise. Pour y parvenir, des ouvriers turcs ont d'abord brisé l'architrave et jeté en bas les chapiteaux ; ensuite, au lieu de faire sortir les métopes par leurs coulisses, les barbares ont trouvé plus court

---

1. Voir surtout le beau livre de M. Beulé : *L'Acropole d'Athènes*, Paris, 1854, 2 vol., n-8º, et les travaux publiés dans les *Bulletins de l'École française d'Athènes*. Paris, Thorin.

ATHÈNES. — L'Acropole.

de rompre la corniche. » Aussi Byron ne ménage-t-il point les épithètes à ce noble Écossais qui a eu le triste courage d'abattre ce que le Goth, le Turc et le temps avaient jusque-là respecté :

« To rive what Goth, and Turk, and time hath spared (1) ! »

Les Athéniens, trop faibles pour défendre leur trésor national, durent se résigner ; et lord Elgin pensa les dédommager amplement de ses rapines sacrilèges en leur donnant, quoi ? Une horloge ! Cette horloge, installée au milieu de la vieille ville, dans une grosse tour carrée, du style le plus pesant, me sembla un grossier trophée élevé par le Génie mercantile et utilitaire sur les ruines du temple de la Gloire.

Les frises du Parthénon sont à Londres, au British Museum, où je les avais vues plusieurs fois avant mon voyage de Grèce. Grâce à cette circonstance, je ressentis moins tristement leur absence, non toutefois sans la déplorer.

Après les sanctuaires, je visitai les anciens théâtres : le théâtre de Bacchus et celui d'Hérode Atticus, tous deux taillés dans les flancs de la colline. Le théâtre de Bacchus est tourné du côté de la mer, que l'on aperçoit parfaitement du haut des galeries supérieures ; il pouvait, dit-on, contenir jusqu'à trente mille personnes. Au-dessus des derniers gradins se voit encore la niche du dieu Pan. La scène est très bien conservée. On y a replacé les sièges de marbre, récemment découverts, où s'asseyaient les pontifes et les magistrats. Je ne sais si jamais rien m'a plus frappé que la simplicité antique de cette scène en plein air, si bien faite pour encadrer les graves personnages et les chœurs de Sophocle.

---

1. *Childe Harold*, II, 12.

Ma visite de l'Acropole était terminée. Je repris donc le chemin du logis, ayant devant moi l'admirable spectacle de la vallée de l'Ilyssus, baignée des feux du soleil couchant, et sur laquelle se détachaient au premier plan les colonnes du temple de Jupiter Olympien. C'était bien la même élégance, la même pureté de lignes que j'avais admirée la veille du haut des collines de Phalère; toutefois la lumière, concentrée sur un moindre espace, donnait au coloris plus de vivacité et faisait de l'ensemble un tableau d'une richesse de ton merveilleuse et d'une incomparable sérénité. Je m'arrêtai pour visiter les restes du temple de Jupiter; seize colonnes sont encore debout. Je me promenai à travers ces colonnes gigantesques avec une sorte de respect religieux. En ce moment, un troupeau de chèvres noires à longues oreilles pendantes passait à leur ombre, ajoutant ainsi aux splendeurs de l'art le pittoresque de la nature.

La soirée était on ne peut plus belle. Après le repas, je montai avec Monseigneur sur la terrasse du palais, où nous restâmes ensemble jusqu'à une heure fort avancée. La conversation fut pleine d'abandon; le vénérable archevêque semblait heureux de me parler de son diocèse et de me confier ses peines et ses espérances. J'étais assis près de lui, écoutant dans le silence et la demi-obscurité de la nuit sa voix grave, parfois attendrie. A quelque distance devant nous, la clarté laiteuse de la lune inondait le Parthénon, revêtant ses portiques de marbre d'une gaze argentée et couronnant ses frontons mutilés d'une vaporeuse auréole.

Deux jours s'étaient écoulés depuis mon arrivée; deux jours me restaient encore jusqu'au départ. J'en profitai pour faire des courses dans la ville et aux environs. Et d'abord je n'eus point de repos que je n'eusse fait l'ascension du Lycabète.

Le Lycabète, ancien mont Anchesme, est un piton aigu qui domine au nord-est la ville et les collines environnantes. Il a deux cent vingt-sept mètres d'élévation. Je gravis la pente escarpée d'un pas résolu, malgré la chaleur, et arrivai bientôt au sommet. Là je m'assis à l'ombre de la chapelle St-George, et contemplai à loisir le splendide panorama décrit en ces termes par Mme de Gasparin : « La ville d'Athènes se pressait à nos pieds ; ses trois ports, Phalère, Munichie et le Pirée, se dessinaient au delà. Salamine, Égine sortaient des flots vers la droite ; la citadelle de Corinthe se dressait à l'horizon. Plus loin, le Péloponèse avec ses promontoires et ses golfes. A notre gauche, l'Hymette élevait sa longue troupe ; dans la vallée qui le sépare de l'Acropole, on apercevait le Stade et les colonnes majestueuses du temple de Jupiter. Celui de Thésée, au delà d'Athènes, semblait, à cause de sa petitesse, un bijou précieux posé sur le sol (1). »

Je n'ajouterai qu'un ou deux traits à cette description, d'ailleurs parfaitement exacte et presque photographique. Au fond d'un défilé, je voyais vers le nord la route blanche de Marathon serpenter dans la montagne ; vers l'ouest, mon regard se portait sur la voie sacrée d'Éleusis. Plus près, j'apercevais le bourg de Colone. La vallée de l'Ilyssus, étroite et raboteuse, se glissait entre la ville et le pied de l'Hymette ; celle du Céphise se déployait du côté opposé, couverte de son bois d'oliviers comme d'un tapis de verdure. Le Lycabète domine de haut ces deux vallées, et nul autre point ne saurait être mieux choisi pour embrasser dans son ensemble toute la topographie de ce merveilleux bassin.

En rentrant à l'archevêché, je trouvai la rue encombrée. On allait enterrer M. Condouriotti, frère du chargé d'affaires

_____

1. *Journal d'un voyage dans le Levant.*

grec à Constantinople. Le mort avait, suivant l'usage, le visage découvert ; un évêque suivait, présidant les funérailles.

J'appris à cette occasion que les prélats dépendant du Synode d'Athènes sont obligés, comme ceux du Phanar, de se procurer par le moyen des enterrements quelques ressources supplémentaires, leur traitement se réduisant à fort peu de chose. Le Métropolitain lui même, président du Saint-Synode, ne reçoit que 5000 drachmes, c'est-à-dire, à peine 5000 francs. Qu'on juge de la pénurie de ses collègues dans l'épiscopat.

Dans l'après-midi du même jour, j'allai prendre M. Veyriès à l'École française d'Athènes. Nous devions visiter ensemble le Musée de Patissia, où je me réjouissais de suivre le développement historique de la sculpture grecque, guidé par mon compagnon. Chemin faisant, nous nous arrêtâmes à l'Institut polytechnique, où se trouve le Musée Schliemann. M. Schliemann, je l'ai dit plus haut, a fait des fouilles dans la Troade ; il en a fait aussi de très heureuses à Mycènes. Ce sont les trouvailles de Mycènes qui sont ici exposées. Je remarquai surtout, parmi les objets d'art, grand nombre d'étoiles de mer, de pieuvres ou poulpes en or battu : ce qui semblerait indiquer que l'art de l'orfèvrerie est né en Grèce sur les bords de la mer. Une autre relique fort curieuse et qui passe, je crois, pour authentique, c'est le masque d'Agamemnon, moulé sur la figure du héros, et représentant exactement ses traits. Le front est proéminent, mais étroit et bas ; la figure ronde et boursouflée ; l'expression vulgaire et rustique. Il faut bien l'avouer, ce faciès est loin d'être idéal, et nous rappelle une fois de plus l'intervalle immense qui sépare la poésie de la réalité. Toutefois ce vestige des temps héroïques m'intéressa vivement et pour en faire pâlir dans ma mémoire la saisissante image, il ne fallut rien moins que la vue de Sésostris, démailloté et photographié devant moi au Caire, en 1886.

Arrivés à Patissia nous eûmes une déception. C'était un des innombrables jours de fête chômés par les Grecs ; le Musée était fermé. Deux jeunes étrangers, venus dans la même intention que nous et comme nous déçus, se trouvaient là. Nous revînmes ensemble. Celui qui m'accompagnait parlait admirablement français. Après une demi-heure de conversation, et au moment de nous quitter, je lui demandai de quelle partie de la France il était : « Moi ? me répondit-il un peu surpris, je suis de Moscou. » Rien d'étonnant que je m'y fusse trompé. On sait avec quelle prodigieuse facilité les Slaves apprennent notre langue, et avec quelle grâce ils la parlent. J'eus, depuis, mainte fois l'occasion d'en faire l'expérience pendant mon séjour en Pologne.

Pour me dédommager de cette course inutile à Patissia et utiliser la soirée, je me dirigeai vers le rocher de l'Aréopage. Une fois encore je parcourus le beau boulevard qui relie le palais royal à l'Acropole. C'était une sorte de pèlerinage que je faisais ; ma pensée se reportait au berceau du christianisme, et la grande figure de saint Paul rayonnait devant moi comme elle rayonna plus tard à mes yeux dans tout mon voyage de Cilicie et de Palestine (1).

L'Aréopage est un rocher isolé et nu qui s'élève en face des Propylées, et au sommet duquel se dessine une étroite plate-forme. On monte à cette plate-forme par seize degrés taillés grossièrement dans le roc. Je me recueillis avant de les gravir ; puis, arrivé en haut, je promenai mes regards

---

1. Voir mon Pèlerinage de Palestine intitulé : « *Du Bosphore au Jourdain.* » Desclée, Lille.

autour de moi. Saint Paul avait été où j'étais ; il avait contemplé ce que je contemplais. Je me représentais sans peine la scène imposante qu'il avait sous les yeux lorsqu'il prononça

Saint Paul à Athènes. (D'après Raphaël.)

le célèbre discours que nous lisons au livre des Actes. Les temples de l'Acropole, dominés par le Parthénon, étaient alors dans toute leur splendeur. Tandis qu'il parlait aux Aréopagites, Paul pouvait voir les nuages d'encens s'élever au-dessus des trépieds sacrés ; il pouvait entendre les mugissements des victimes tombant sous le fer des sacrificateurs. Et si ses regards se détournaient un instant de ce spectacle plein de majesté, c'était pour rencontrer aussitôt le Pnyx et sa tribune fameuse, l'Agora, où il avait si souvent prêché JÉSUS-CHRIST, et le Céramique, ces Tuileries d'Athènes, quartier essentiellement aristocratique, encombré de théâtres et de palais somptueux.

Après quelques instants de contemplation, je redescendis par le Pnyx, et jetai un dernier souvenir à la grande ombre de Démosthène ; puis, longeant les portiques du temple de Thésée, je rentrai dans la ville bruyante.

Arrivé devant le palais royal, je fus brusquement arraché à mes méditations solitaires par un spectacle plein d'animation et de couleur locale. Au milieu d'une foule immense, réunie sur la place du palais, une fanfare militaire jouait l'air national ; les visages paraissaient enflammés ; les conversations tempêtueuses. Je sentis aussitôt qu'il y avait de la poudre dans l'air. J'allai aux informations. J'appris qu'une échauffourée avait eu lieu sur la frontière de Thessalie, entre quelques soldats d'avant-poste. Il n'en fallait pas tant pour monter toutes les têtes.

En finir avec les Turcs, ces pauvres Turcs ! n'était-ce pas le mieux ? En tout cas, l'honneur national exigeait prompte et éclatante réparation. Le soir même un bataillon quittait la capitale et allait s'embarquer au Pirée. Je tremblais pour la Turquie : ses 600.000 soldats (1), sobres, patients, aguerris, ne couraient-ils pas risque d'être anéantis par cette armada formidable ? « C'est donc bien grave, dis-je à mon interlocuteur. — Comment ! on ne peut plus grave : c'est la guerre, et

----

1. Voir l'*Almanach de Gotha*, 1883, Turquie.

qui sait? peut-être une conflagration universelle!» Dieu merci, les choses n'en vinrent point là, et ce feu de paille s'éteignit bientôt faute d'aliment.

C'était, avec mon entrée au Pirée, la seconde tempête à laquelle j'assistais dans le verre d'eau hellène.

Je passai cette soirée, comme la précédente, sur la terrasse et dans l'intimité de l'archevêque. Le lendemain, veille de mon départ, fut employé en courses variées. Je retournai une dernière fois à l'École française d'Athènes ; je visitai en détail la bibliothèque et eus avec M. Salomon Reinach une fort longue conversation ; devinez sur quel sujet ! Sur des questions d'archéologie grecque ou romaine ? Sur les fouilles de Délos ? Point : sur les Jésuites ! M. Reinach n'en avait jamais vu, et profitait de l'occasion pour se renseigner ; ce qu'il fit, je dois le dire, avec une courtoisie parfaite (1).

Mais à toute chose il faut une fin : terminons donc ce récit. Le mercredi, 30 août, je regagnai le Pirée ; à 10 heures du soir, je montais à bord du « Mendoza », vapeur bien connu, comme son capitaine, des voyageurs de la Méditerranée ; vers minuit nous levions l'ancre, en route pour Constantinople. Au lever du soleil, lorsque je remontai sur le pont, nous longions les côtes grises de l'Eubée ; quelques heures après nous passions à peu de distance de Skyra, île où s'écoula la turbulente jeunesse de cet enfant terrible qui fut plus tard Achille. Au coucher du soleil, nous revoyons la plaine de

---

1. On sait que M. Sal. Reinach est l'auteur du *Manuel de Philologie classique*. — M. Veyries, qui m'avait si bien accueilli à l'École française d'Athènes, est mort à Smyrne le 5 décembre 1882, quelques semaines après mon retour à Constantinople. Peu de temps auparavant, il avait envoyé à l'Académie des Inscriptions un beau mémoire sur *les Figures criophores dans l'art grec, l'art gréco-romain et l'art chrétien*. Voir *Comptes rendus de l'Académie des Inscriptions*, 4e série, t. X, p. 419, et t. XI, p. 467, ainsi que le *Bulletin critique*, t. VI, p. 144.

Troie ; et, vers huit heures, nous arrivons aux Dardanelles.
La ville était illuminée ; le canon tonnait ; des fanfares grê-
les de tambourins et de cymbales turques mêlaient leur bruit

CONSTANTINOPLE. — La grande rue de Péra.

au bruit des flots ; du haut des minarets, les muezzins chan-
taient la prière du soir ; comme fond de tableau, la lune au
disque immense se levait sur les montagnes de Bithynie
La nature semblait se joindre aux hommes pour célébrer

dignement l'anniversaire de la naissance du sultan Abd-ul-Hamid II.

Vérification faite des papiers du bord, nous nous remettons en marche, et je m'endors pour ne me réveiller qu'en pleine mer de Marmara. Nous étions au vendredi, 1er septembre.

Vers 10 heures notre bateau entrait dans la Corne d'Or, au moment où, le long de la rive, retentissaient les sonneries de clairon et les fanfares de la garnison se rendant au Sélamlik, c'est-à-dire, à la prière solennelle que, tous les vendredis, le Sultan va faire dans une des mosquées voisines du kiosque impérial. Je débarquai, pris un hammal pour ma valise (1), et gravis d'un pas joyeux la colline de Péra. Quelques instants après j'étais dans mon nid, remerciant Dieu de l'heureuse issue de mon excursion aux Iles de Marbre.

Ami lecteur, je termine en vous souhaitant de faire vous-même, par une mer tranquille et sous un ciel toujours pur, le ravissant voyage que je viens d'esquisser. *Vale !*

---

1. Hammal est un mot arabe qui signifie « porteur ». Tout le monde l'emploie à Constantinople.

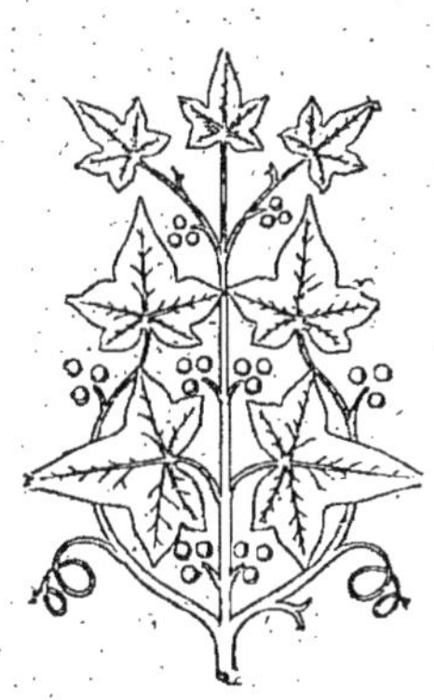

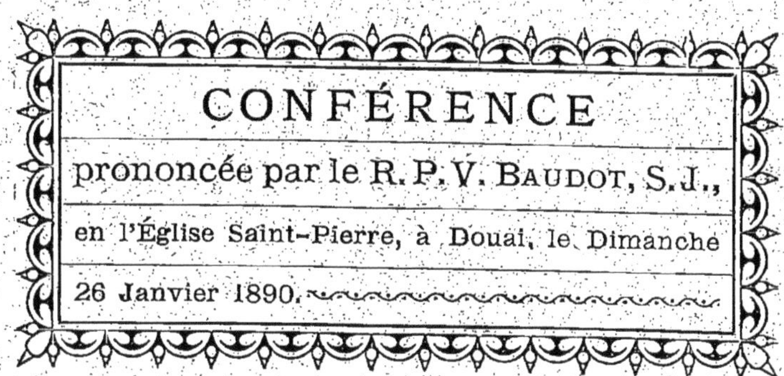

'ORIENT !... n'est-il pas vrai, Messieurs, que ce mot seul exerce sur nous une sorte de fascination ? Prononcé à notre oreille, il ouvre aussitôt dans nos imaginations charmées de larges perspectives, baignées de soleil et d'azur, embaumées d'enivrantes senteurs ; il évoque dans nos esprits les souvenirs les plus poétiques de nos études d'enfance, et les sentiments religieux de nos heures les plus enthousiastes ; il suscite dans nos cœurs de vagues aspirations vers un idéal lointain, et parfois le désir enflammé d'un Éden mille fois rêvé et soudain entrevu. Nous nous sentons, par un instinct secret, attirés vers ce sol mystérieux qui fut le berceau de notre race, vers ce ciel rayonnant qui éclaira nos premiers ancêtres, et auprès duquel nos climats brumeux ne nous paraissent qu'un triste crépuscule.

Aussi, depuis la fin des grandes migrations aryennes, toutes venues de l'Orient comme un flux irrésistible, se produit-il d'époque en époque, parmi les nations occidentales, un mouvement de reflux constant vers la mère-patrie. On a vu, au temps des Croisades, ce mouvement prendre des proportions gigantesques, et l'on put croire un instant que les races latines, germaniques et saxonnes, allaient enfin réaliser leur rêve séculaire : la reprise du sol natal, la conquête définitive des rives génésiaques de l'Euphrate et du Tigre, le retour au point de départ des anciennes migrations, à cet Aram-Naharaïm où, selon la tradition sainte, brilla l'aurore de l'humanité.

Tel est le fond de la question d'Orient si souvent débattue. C'est l'éternelle dualité de l'Europe et de l'Asie, de l'Asie toujours envahissante, de l'Europe toujours envahie, mais parfois se retournant comme un lion blessé et prenant à son tour l'offensive avec une énergie farouche. De là ce perpétuel entrecroisement de races diverses, de nationalités hostiles, de religions rivales ; de là ce pêle-mêle redoutable de convoitises ardentes et d'antagonismes acharnés : marée humaine qui, descendant par intervalles des plateaux touraniens, vient battre nos grèves armoricaines, se brise en mugissant contre l'infranchissable barrière des flots, et reprend en arrière, refoulée mais non vaincue, sa course désordonnée.

La conquête de l'Orient a de tout temps hanté l'esprit des races occidentales. Tentée par la force, à l'époque des Croisades, cette conquête a finalement échoué ; reprise par la diplomatie aux jours de Grégoire XIII, de Bathory et d'Ivan le Terrible, elle échoue encore.

Sous nos yeux la bataille recommence. Nous voyons de nouveau l'Occident aux prises avec l'Orient ; mais cette fois, au lieu de la force, au lieu de la diplomatie, c'est par l'école que nous engageons la lutte : lutte pacifique, lutte féconde, lutte d'assimilation dans laquelle celui qui aura fait le plus de bien, répandu le plus de lumière, sera vainqueur incontesté. Sommes-nous en droit d'espérer que l'Église catholique, apostolique et romaine, ait un jour cette gloire, remporte un jour cet éclatant triomphe avec l'aide de la France fidèle : c'est à cette question que je vais répondre, selon mon pouvoir, en vous présentant un aperçu de ce que j'appellerai l'Orient scolaire. Vous y verrez un tableau de nos écoles, avec quelques indications sur leur utilité, leurs épreuves, leurs besoins.

Je ne dirai rien que je n'aie vu de mes yeux. A ce titre, j'ose réclamer votre bienveillante attention.

Mais, avant de vous parler de nos établissements catholiques, laissez-moi vous dire un mot des écoles musulmanes et chrétiennes séparées : car il ne faut pas croire que nous soyons là-bas les seuls instituteurs du peuple, ni même que nous ayons été les premiers. De tout temps l'école, l'école primaire surtout, a fleuri dans les provinces soumises au Croissant. La lecture et la récitation du Coran étant pour les disciples de Mahomet une condition indispensable du salut, les fondateurs de l'Islam n'eurent rien plus à cœur que d'établir des écoles partout où atteignait la pointe de leur glaive ; partout, sur le passage de la horde sanglante, on vit par un singulier contraste sourdre du sol encore fumant les sveltes minarets des mosquées, lieux de prière et tout à la fois sanctuaires de l'étude. Le moindre village eut dès lors son médressé ; dans les villes, outre les mosquées, chaque fontaine eut le sien. D'où il suit que là où les fontaines abondent, comme au Caire par exemple, les écoles pullulent. Ce sont d'ailleurs des monuments très coquets. Figurez-vous des rotondes ou des absides mauresques, soutenues par des colonnes d'une grande élégance et surmontées d'un auvent finement ciselé. Vous pouvez vous désaltérer à l'aise : c'est la fontaine d'Allah. Et pendant que vous buvez, écoutez ce murmure incessant de voix enfantines : c'est l'école de la fontaine. Approchez : voici un groupe de petits écoliers, accroupis sur des nattes, les jambes croisées à l'orientale, et répétant tous ensemble, ou plutôt psalmodiant les Sourates sacro-saintes. Ces rangées de petites têtes rondes, les unes fraîchement rasées, et ne conservant que la mèche de cheveux traditionnelle, les autres coiffées de la calotte de feutre rouge ; ces jeunes visages au teint mordoré, à la prunelle ardente ; ces lèvres de corail, balbutiant le nom du Très-Haut ; au milieu, le maître ou fiqi, armé d'une longue baguette dont il se sert pour frapper sur le crâne l'élève inattentif : voilà l'école primaire. Toutefois les Musulmans ne s'en tiennent point à cet enseignement restreint.

Ils ont au Caire, à la mosquée des Fleurs (el-Azhar), une Université qui compte huit mille élèves, et où le bambin de cinq ans coudoie l'étudiant à barbe blanche. C'est un curieux spectacle que celui de la salle principale au moment des cours. Cette salle couvre 3,000 mètres carrés ; elle est soutenue par 340 colonnes ; au pied de chaque colonne, un professeur est accroupi sur sa natte ; autour de lui, un groupe plus ou moins nombreux d'auditeurs, assis en cercle, qui lui répondent, l'écoutent respectueusement ou l'interrogent. Ajoutez à cela les vives couleurs des costumes, la blancheur des turbans, la teinte variée et l'expression des visages, l'éclat de la lumière égyptienne, et vous aurez quelque idée de cette scène vraiment orientale.

Mais si les Musulmans ont rempli l'Orient de leurs écoles, les chrétiens de toute confession, de tout rite, ne sont point restés en arrière. Dans ce pays où les nationalités vaincues se perpétuent sous le nom de religions, et où le rite est un symbole national, on le conçoit, l'école devient à la fois un centre religieux et un foyer de patriotisme. Aussi est-ce la grande préoccupation et l'honneur de chaque nation d'en multiplier le nombre. Grecs, Arméniens, Coptes, tous rivalisent d'ardeur. Les Grecs surtout mettent dans ces entreprises scolaires toute leur activité naturelle. Leurs écoles sont très nombreuses, très fréquentées. Elles sont aussi très bruyantes, à en juger par celle que j'eus sous mes fenêtres pendant deux ans à Constantinople. Les chants patriotiques y résonnaient sans cesse, et il me semble entendre encore cet essaim de jeunes filles entonnant, avec la fougue caractéristique de leur race, ces couplets vibrants des hymnes romaïques où retentit à chaque ligne le mot sacré : Ἐλευθερία ! Liberté !

Les Coptes Jacobites, en Égypte et surtout au Caire, ne se laissent dépasser par personne. J'eus un jour occasion de visiter l'école patriarcale ; elle me parut très considérable. Six cents enfants tiennent à l'aise, et, malgré une chaleur torride, respirent à pleins poumons dans ce local immense. Quant aux Arméniens, je ne puis dire qu'une chose, c'est que Mgr Nersès, leur Patriarche, n'était pas homme à laisser dépérir entre ses mains une œuvre aussi essentiellement nationale et religieuse.

Il est temps d'en venir à nos écoles, puisque c'est là surtout ce que je dois vous montrer en Orient. Nous avons des écoles catholiques : latines, arméniennes, grecques, coptes. Disons d'abord que ces dernières, coptes, grecques, arméniennes, sont fort peu de chose et n'aboutissent, malgré de larges aumônes, qu'à des résultats fort problématiques. Nos écoles latines, au contraire, presque toutes françaises, ont une importance majeure. Voyons d'abord Constantinople. Je me permettrai de vous citer en première ligne le collège des Jésuites de Péra. Ce n'est point que là non plus tout soit pour le mieux dans le meilleur des mondes. Les Pères ont de lourdes charges à porter. La maison qu'ils habitent ne leur appartient point en propre ; ils la louent à un Oriental intraitable, M. Baltaggi. M. Baltaggi, (ce nom signifie fendeur de bois,) est le grand-père de la comtesse Vecsora dont on a tant parlé à propos de la triste mort de l'archiduc Rodolphe. Outre leurs charges matérielles, les Pères ont, à d'autres points de vue, un travail spécialement épineux. Italiens pour la plupart, ils ont dû aborder l'enseignement du français, regardé comme absolument essentiel dans tout l'Orient. Sans souci de la difficulté, tous se sont mis résolument à l'œuvre, et l'on peut dire qu'il n'est point de collège qui travaille plus efficacement à la diffusion de notre langue, seule employée dans les cours, seule permise pendant les récréations des élèves. D'ailleurs, plusieurs

Jésuites, venus de nos meilleures provinces, leur prêtent une active collaboration. Moi-même j'ai eu la joie d'enseigner à leurs côtés, et, je puis bien le dire, parmi mes souvenirs il n'en est guère de plus doux à mon cœur que ceux du collège Sainte-Pulchérie.

Si des hauteurs de Péra nous descendons à Galata, nous y trouvons l'important collège Saint-Benoît, dirigé par les Lazaristes. Je n'ai pas à vous en faire l'éloge : les fils de saint Vincent de Paul sont là ce qu'ils sont partout ailleurs, de vrais fils de l'Église, de vrais enfants de la France. Vous n'ignorez pas que DIEU s'est plu dans ces derniers temps à récompenser leur zèle en plaçant un des leurs, Mgr Bonetti, à la tête de l'archidiocèse latin de Constantinople.

Le croirait-on ? c'est une institution française qui fait à nos deux collèges catholiques la plus dangereuse concurrence. Je veux parler du lycée de Galata-Séraï, fondé avec l'aide du gouvernement de notre pays, et placé directement sous la tutelle des autorités ottomanes. Comme toutes les institutions officielles patronnées par l'État, ce lycée obtient chaque année, au grand détriment de la foi catholique, un appoint considérable d'élèves. En pourrait-il être autrement ? Le Sultan ne cesse de manifester ses sympathies pour cette école soi-disant neutre, mais en réalité plus musulmane que chrétienne. Je me souviens d'y avoir vu à la distribution des prix le bataillon nègre de la garde impériale faire le service d'honneur. On ne résiste guère à de pareilles avances : DIEU protège Saint-Benoît et Sainte-Pulchérie !

L'enseignement primaire, pour les garçons, est aux mains des Frères. Ah ! c'est ici que la cause catholique l'emporte sans conteste ! Accepter dans l'enseignement secondaire des postes largement rétribués, notre Université peut pousser jusque là l'esprit d'abnégation et de patriotisme ; mais apprendre le français aux enfants des rues, à ces petits Grecs déguenillés et batailleurs, aux Bulgares à tête dure, aux Levantins légers et ingrats, une telle mission ne peut être que l'apanage de nos héroïques Religieux.

Les Frères ont deux écoles gratuites à Péra et à Galata ; et je vous assure, pour les avoir vues de près, que si elles sont pauvres en ressources matérielles, il n'en est point de plus riches en mérite et en vertu. Disons tout : les Frères ont aussi sur la rive d'Asie, à Kadi-keui, l'ancienne Chalcédoine, un grand pensionnat placé dans une situation délicieuse, un véritable Éden. Mais pour qui sait quel rude labeur attend l'humble instituteur dans ces salles de classe, ces salles d'étude, ces cours et ces dortoirs, le brillant soleil qui éclaire ces beaux lieux paraît moins radieux, et les flots de la mer qui en baignent les murailles perdent singulièrement de leur poétique harmonie. Au pensionnat de Kadi-keui, comme dans les modestes externats des faubourgs, le dévouement de chaque jour trouve largement à s'exercer, et là comme ailleurs ce sont, soyez-en sûrs, ce sont des cœurs d'apôtres qui battent sous la robe noire et le rabat blanc !

Voilà pour les garçons ; les filles ne sont pas oubliées. Dans cet Orient qui les relègue si dédaigneusement derrière les grilles du harem, elles ont trouvé des protectrices et une puissante tutelle auprès de nos admirables Religieuses. Pour les riches et la classe moyenne, les Dames de Sion ; pour les pauvres, les Sœurs de Saint-Vincent de Paul. Toutes ont ainsi part aux effluves de la charité chrétienne... et française. Se faisant tout à tous, les bonnes Sœurs ont poussé le dévouement en Macédoine jusqu'à renoncer au rite latin qui leur est si cher, et adopter le rite grec ; à Koukouche, elles communient sous les deux espèces.

Et maintenant, de Constantinople descendons à Smyrne ; c'est un trajet de vingt-quatre heures, sur un de nos grands paquebots des Messageries. Traversons la Marmara et le détroit des Dardanelles ; saluons en passant la plaine de Troie et les cimes dentelées de l'Ida ; longeons l'île de Mitylène, l'ancienne Lesbos ; entrons dans le golfe de Smyrne, bordé à l'ouest par les hautes montagnes du Kara-Bouroun, à l'est par les plaines basses du Pactole ; nous voici en rade. Que trouvons-nous ici, en fait d'instituteurs catholiques, sous la direction du plus aimable des archevêques, Mgr Timoni ? Toujours nos prêtres et nos Religieux français : les Lazaristes, les Sœurs de la Charité, les Frères des Écoles chrétiennes. Ceux-ci ont à Smyrne un de leurs plus beaux établissements, construit par l'infatigable architecte de la Congrégation, le Frère Symphorien. Smyrne est exposée à deux fléaux endémiques : les incendies et les tremblements de terre. Dans ces conditions, comment bâtir ? En bois ? Vous serez brûlé. En pierres ? Vous serez renversé. Le Frère Symphorien ne s'arrête pas pour si peu : « Ma maison, se dit-il, sera toutes en pierres encastrées dans des solives de fer, et ainsi, en cas d'incendie, rien ne brûlera ; en cas de tremblement de terre, rien ne branlera. » Ainsi fut fait, et bien en prit au constructeur et à ses collègues. La première fois que j'allai à Smyrne, un incendie de 1,500 maisons venait de ravager leur quartier, et, peu après mon second passage, une épouvantable secousse jonchait le sol de ruines autour de leur indestructible manoir.

Entre Smyrne et Beyrouth, il y a solution de continuité dans la longue chaîne de nos grandes écoles françaises d'Orient. Le moyen de combler cette lacune serait de fonder quelque chose dans l'île de Rhodes, sous ce climat paradisiaque chanté jadis par Horace :

Laudabunt alii claram Rhodon, aut Mitylenen.

A quand ce nouvel effort de la charité chrétienne ? (1)

---

1. Cette école vient d'être fondée.

J'arrive à Beyrouth, mais, avant de continuer, permettez-moi une rapide digression vers la Grèce en faveur d'un établissement, le plus intéressant peut-être que j'aie rencontré dans mes voyages, à coup sûr le plus digne de vos sympathies. Il s'agit des Ursulines françaises de Tinos. Tinos est une des Cyclades, située à l'est de Syra, en plein Archipel. Qui croirait que dans cette île isolée, sur ce rocher sans cesse battu par la tempête, fleurit un grand pensionnat de jeunes filles ? Quel courage il a fallu à ces femmes intrépides, quelle incroyable persévérance pour entreprendre et parfaire une œuvre aussi ardue ! Or, voilà qu'au moment où elles se croyaient enfin au terme de leurs épreuves et de leurs peines, leurs épreuves et leurs peines recommencent plus cruelles que jamais. Lisez dans le *Bulletin des Écoles d'Orient*, mai 1889, une lettre de la Supérieure parlant des dégâts causés à sa chère maison, et que les pauvres Sœurs s'efforcent de réparer de leurs propres mains. « Pour avancer les travaux et aussi pour économiser, dit-elle, après nos longues heures de classe, nous nous faisons manœuvres. Nous criblons le sable ; nous portons la terre, les planches, les briques ; nous cassons les pierres pour les terrasses (elles doivent être cassées comme celles des routes) ; nous en avons parfois la main enflée ; nous nous reposons quelques jours, et puis nous recommençons. Après le départ des ouvriers, nous continuons jusqu'à la nuit bien tombée. Nous faisons des journées à la carrière, et nous revenons le soir avec 120, 130 paniers de pierres cassées ; il en faut des milliers. Parfois nous recevons une averse, nous nous hâtons de rentrer ; mais, n'ayant à notre disposition qu'un seul vêtement, il faut se coucher pendant qu'il sèche. » Il y avait dans ce couvent, lors de mon séjour à Tinos, trente-quatre Religieuses, presque toutes originaires de la Franche-Comté et du Lyonnais. J'ai eu la curiosité de rechercher dans le compte rendu de l'Œuvre des

Écoles d'Orient quelle somme était allouée à ces pauvres Sœurs : pendant l'année 1888, elles ont reçu 525 francs, plus un don de 15 francs.

Après avoir salué en passant les écoles d'Arménie, fondées par la Compagnie de Jésus et dirigées par le Père de Damas, reprenons vers le sud notre course, qui approche de son terme. De Beyrouth et du Liban, je ne dirai rien. Les Jésuites ici sont maîtres, grâce à leur Université Saint-Joseph. Toutefois, que de charges ! que d'embarras ! que de soucis pour soutenir cette grande œuvre ! A leurs côtés, pour les filles, je trouve les Dames de Nazareth, qui de Beyrouth rayonnent dans toute la Galilée.

Vous le voyez, nous voici en Palestine : mais le temps presse, et je ne puis m'y arrêter. Aussi bien nos écoles de Terre-Sainte vous sont-elles suffisamment connues, à vous surtout, Messieurs, qui avez fait le pèlerinage. Rappelons seulement que, de toutes les œuvres qui germent en ce moment sur ce sol sacré, il n'en est point de plus importante aux yeux du Saint-Père, ni, hélas ! le croirait-on ? « de moins soutenue, » que l'Œuvre des Écoles. Cette parole mélancolique est du Frère Evagre, Directeur de l'Établissement des Frères à Jérusalem. Il la fait suivre de ces quelques lignes, publiées dans le Bulletin de votre Société : « Je ne puis faire un pas sans rencontrer des files de chameaux portant pierres, chaux, poutres en fer, bois de construction ; je ne puis lever la tête sans voir de nouveaux édifices s'élever, d'ici, de là, partout, avec le bon argent de France, avec des ressources dont les miettes seules me suffiraient. » Et il termine par cette supplique : « Chers bienfaiteurs, dans vos charités, rappelez-vous les petits, et veuillez ne pas oublier que le moins rétribué dans tout labeur est souvent celui qui travaille le plus. »

De Palestine en Égypte il n'y a qu'un pas. C'est par l'Égypte que nous finirons cette revue rapide de l'Orient scolaire. Nos principales congrégations enseignantes semblent s'être donné rendez-vous sur la terre des Pharaons. Lazaristes, Jésuites, Frères des Écoles chrétiennes, Sœurs de la Charité, tous rivalisent de zèle et de dévouement. On sent qu'il s'agit là de positions stratégiques de premier ordre à emporter ou à défendre ; voilà pourquoi l'élite de nos colonies monastiques s'y concentre et s'y fortifie. Point de contact entre l'Europe, l'Asie et l'Afrique : l'Égypte n'est-elle point, en effet, ou du moins ne sera-t-elle pas bientôt la clef du monde ? A dire vrai, je n'ose arrêter ma pensée sur ce pays séduisant : ciel d'un azur inaltérable, perspectives enchanteresses, canaux bienfaisants du Delta bordés de verdoyantes rizières, lignes ombreuses de palmiers et de sycomores, sphinx et pyramides, obélisques et hypogées, je me laisserais entraîner à parler de tout à propos d'écoles ! Celles d'Alexandrie sont toutes des établissements hors ligne ; aussi le gouvernement français a-t-il cru devoir établir dans cette ville un jury permanent d'examen pour la collation des grades universitaires, en particulier pour le baccalauréat. Chose étonnante ! un Jésuite du collège Saint-François-Xavier, fondé par l'infatigable Père Besson, fait de droit partie de ce jury.

A mi-chemin d'Alexandrie au Caire, nous rencontrons la ville de Tantah, où les Pères des Missions Africaines de Lyon ont déployé une activité surhumaine, et créé en quelques années non seulement de magnifiques écoles, mais encore un vaste diocèse. Enfin, le Caire ! Mais je serais infini si j'entamais ce sujet. Il me faudrait vous parler de l'école des Frères, qui compte mille élèves, du collège de la Sainte-Famille et de son petit séminaire copte, du beau pensionnat des Dames de la Mère de Dieu ; il me faudrait vous nommer le R. P. Jullien, homme au grand cœur, aux idées larges, fondateur en Égypte des œuvres de la Compagnie de Jésus ; il me faudrait aussi rendre-hommage au Frère Gervais pour sa vaillance au moment critique du bombardement d'Alexandrie, et pour ses succès d'année en année plus éclatants. Laissant tout cela, je me contenterai de répondre à une question qui s'impose, et par laquelle je termine : « En Égypte, nous dira-t-on, vous recevez indistinctement dans vos écoles des chrétiens non seulement de tout rite, mais de toute secte, des Musulmans et même des Israélites. Cette méthode est-elle bonne ? et quels en sont les résultats ? » Messieurs, je répondrai hardiment : La méthode est bonne; les résultats sont excellents. A part les Israélites, auxquels on ne fait aucun bien, et qui deviennent vite encombrants, tous nos élèves profitent de notre enseignement religieux. Le contact journalier entre chrétiens et Musulmans, dissidents et catholiques, éteint les préjugés, dissipe le fanatisme, bat en brèche la polygamie, et développe dans les cœurs une piété naïve qui, au jour marqué, portera ses fruits.

Deux traits à l'appui de cette assertion. — « Vous avez dû terriblement vous ennuyer au catéchisme, mon cher Mohammed, » disais-je un jour à un de mes élèves musulmans, grand jeune homme de seize ans, très distingué, très doux : « Oh non ! mon Père, me répondit-il avec l'accent de la foi la plus vive, j'ai prié tout le temps. » Un autre jour, je faisais lire la Passion ; on en était à la Flagellation et au Couronnement d'épines. Tout à coup, un jeune copte jacobite, naïf enfant de quatorze ans, le petit Néghib, bondit sur son banc et, frappant la table du poing : « Père, me dit-il d'un air indigné et tout ensemble profondément ému, est-ce que c'est vrai tout cela ? » Ne vous semble-t-il pas entendre Clovis s'écrier : « Ah ! si j'avais été là avec mes Francs ! »

✠

Messieurs, il existe à Constantinople une singulière légende. On raconte qu'au moment où le Sultan Mohammed II entra à cheval

dans Sainte-Sophie, après la prise de la ville, un prêtre grec était
à l'autel. Sans s'émouvoir, avec un calme majestueux, le prêtre,
interrompant la messe, se retourna, descendit les degrés du sanctuaire, et la main sur le calice s'avança à la rencontre des assaillants.
On s'attendait déjà à voir voler sa tête sous le cimeterre du con-
quérant irrité, lorsque, se détournant soudain, il entra dans un des
énormes piliers qui soutiennent la coupole. La tradition constante
c'est qu'il y est encore, et chaque fois qu'une secousse de tremblement de terre se produit, le peuple de répéter : « C'est le prêtre
qui remue dans son pilier. » Or les Musulmans eux-mêmes sont
convaincus qu'il en sortira un jour, et, ce jour-là, Stamboul rede-
viendra chrétien.

Cette légende n'est-elle point, Messieurs, l'expression de nos plus
chères espérances ? Hâtons de tous nos vœux, hâtons de tout notre
pouvoir l'aurore de ce jour béni où la Croix reprendra son empire
sur l'Orient, où la messe de nouveau sera dite à Sainte-Sophie, où
le prêtre, la main sur le calice, grave et doux, impassible, sortira de
son pilier. Et comment l'avancerons-nous, cette heure tant désirée,
sinon par la multiplication et le bon fonctionnement de nos écoles
d'Orient ? Suivons en cela l'exemple des Orientaux eux-mêmes. Quel
a été dans ces derniers temps en Europe, quel est aujourd'hui plus
que jamais le grand moyen employé par leur audacieuse avant-garde
pour s'assurer la conquête de l'Occident ? Voyez à l'œuvre les Israélites : qu'ont-ils fait en Pologne, où se massent clandestinement leurs
réserves ? N'y trouvant point d'écoles primaires, ils en ont créé de
magnifiques, mais, remarquez-le bien, pour leur usage exclusif, le
paysan polonais restant plongé dans la plus affreuse ignorance.
Quant aux institutions d'enseignement secondaire, qui seules exis-
tent dans ce malheureux pays, on peut dire, à la lettre, qu'ils les
envahissent. J'ai habité deux ans une ville de Galicie dont le lycée

compte sept cents élèves ; cinq cents sont israélites, deux cents seulement chrétiens. Dernièrement vous appreniez qu'un baron fameux avait donné d'un seul coup 50 millions pour les écoles juives de Russie. Voilà comme ils entendent les choses, et ils ont raison, voilà l'arme dont ils se servent. Serons-nous moins perspicaces que ces Orientaux, ou nous laisserons-nous vaincre par eux en générosité ? Sans doute il n'appartient qu'à des financiers hors pair d'étonner le monde par d'aussi foudroyantes largesses, mais du moins tirons de là cette utile leçon, c'est que nous ne ferons rien que par l'école : nos conquêtes en Orient sont à ce prix ! Redoublons donc d'efforts, fournissons aux combattants d'abondantes ressources, et si nous ne parvenons point à réaliser là-bas nos rêves de domination chrétienne, du moins sachons garder les positions conquises, bien sûrs qu'en portant la lutte sur leur propre terrain nous nous défendrons mieux contre ces envahisseurs tenaces, asiatiques de toute race et de toute croyance qui, s'ils arrivent à leurs fins, ne nous feront point de quartier.

DIEU protège nos écoles, rempart en Orient de l'Église et de la France ! Tel est notre dernier cri, telle est l'humble prière qui s'échappe de nos cœurs et monte brûlante vers le Ciel, au nom du Père, du Fils et du Saint-Esprit. Ainsi soit-il.